U0010699

邵 族

邵族杵歌聞名於世

❷

6 邵族的日月盾牌

台灣原住民系列
54

邵族
神話與傳說

〔布農族〕
達西烏拉彎‧畢馬 著
（漢名：田哲益）

晨星出版

【推薦序】
龐大深邃的原住民口傳文學

　　一九九五年田哲益君應廣西民族研究所，邀請台灣學者到廣西從事學術交流，並展開壯族與苗族的田野考察，從此我們建立了良好的持續性的學術交往。

　　一九九六年吾亦經國務院對台辦公室批准，到台灣進行學術訪問，考察台灣原住民的歷史文化與風俗習尚。在台期間承蒙哲益君鼎立相助，研究順利，收穫豐碩；深情厚誼，刻骨銘心，終生難忘也。

　　哲益君是吾所認識在民族文化沃野辛勤耕耘的學者之一；哲益君是研究民族文化與民間文學著作頗豐的台灣布農族學者，其已出版成書的著作有二十多部，著作類型非常廣泛，研究領域包括台灣原住民、中國少數民族、中國民俗學、中國科學等。

　　哲益君海郵寄來五千頁的書稿，是其已經撰述完成的巨型著作之一，是一套台灣原住民神話與傳說口傳文學叢書，計分為十冊：《泰雅族神話與傳說》、《賽夏族神話與傳說》、《鄒族神話與傳說》、《布農族神話與傳說》、《排灣族神話與傳說》、《魯凱族神話與傳說》、《卑南族神話與傳說》、《阿美族神話與傳說》、《達悟族神話與傳說》、《邵族神話與傳說》等。

　　知悉哲益君又完成了多部著作，心裡非常欣奮，哲益君要我寫個序文，樂意之至。在大陸雖然也有一些有關台灣原住民民間口傳文學的著作，但是由於並非實地調查，對於台灣原住民文化的認識不夠，因此，閱後總有隔山望水之感。台灣也有一些台灣原住民的民間口傳文學著作，不過都是「總」的撰述，對於各族的民間口傳文學只能予人模糊而不完整的輪廓與概念。

　　無疑的，哲益君撰寫多年的這套台灣原住民神話與傳說口傳文學叢書，是目前大陸與台灣地區，用力最多也最深切的著作，而且是十族分別撰述與詮釋，對於研究台灣原住民文化將是最重要的參考資料。

　　仔細拜讀后，有以下體會，略寫于后，供海內外讀者與學術界、文化界參考：

　　原住民神話與傳說叢書具有龐大的訊息量與資訊，包含巨大的學術容量，給人以多方面的啓迪，方便吾人以後繼續作深入的研究。

　　原住民神話與傳說叢書收集龐大的材料，不管是書籍的、報章的、雜誌的、日據的、現代的、日人的、國人的、作者的皆所收錄，為目前原住民民間口傳文學收錄最多者，是作者數十年來收集積累的成就。

　　原住民神話與傳說叢書的每一則神話傳說故事都是實錄，沒有增添臆測或加油添水，忠於事實的真相與本質，這是民族人類學研究者最基本的學術態度。

　　原住民神話與傳說叢書以族群為主體分別撰述，作者把握該族群的文化特色，加以詮釋與註解，便於族外人理解。

　　原住民神話與傳說叢書的每一則神話傳說故事，作者皆作分析與說明，使故事的意義明朗易解。

　　原住民神話與傳說叢書對於同類型式的神話傳說故事會作比較之研究，使故事內涵更明白易懂。

　　原住民神話與傳說叢書，作者運用了夾敘夾議的手法，適度的提出批評與討論，有時亦會褒貶撻伐故事中的人物，體現了正直學者的學術良知。

　　原住民神話與傳說叢書，作者善於運用該族的文化以解釋該族傳說故事的內容與意義，此種以文化解釋民間口傳文學的功

力，實非長期研究與觀察者所能為之。

　　原住民神話與傳說叢書，作者以該族文化為主體釋意，這樣對於口傳文學的解釋就不致偏離軌道，甚至牛頭不對馬嘴。因此作者對於該族口傳文學的詮釋，無懈可擊。

　　原住民神話與傳說叢書，作者會投入民族情誼，表示讚賞與認同，並且有積極性的建議與觀點。表明了作者身為原住民的一員的鮮明態度，表達了作者崇高的情操和深切的人文關懷。

　　原住民神話與傳說叢書，作者均投入民族感情，又不帶民族偏見與民族溢美。作者雖有原住民布農族身分背景，而最大的忌諱之一便是以民族偏見去研究本民族，而導致只視優長之處而無視於缺點的溢美問題，作者顯然正視此問題，對於其所見之缺點，絕不護短，該指責則貶之，體現了作者作為一個學者的科學、求實的態度。

　　原住民神話與傳說叢書，貫穿了作者濃郁的民族憂患意識，表達了一位原住民學者對民族文化發展前途的殷切期望，對於他深厚的民族責任感，我們深受感動。

　　原住民神話與傳說叢書，作者建立了理論體系，台灣原住民民間口傳文學的理論構架系統從模糊臻於明確化。

　　原住民神話與傳說叢書，分類獨具一格，符合台灣原住民各族的歷史實際，為學術界深化對原住民歷史與文學的認識有所斐益，也為民族人類學界和歷史學界研究中國和世界各民族民間口傳文學提供了頗有典型意義的實例，豐富了中國少數民族研究的資料寶庫。

　　原住民神話與傳說叢書，從各書章節的標題可以看出，結構設置條理基本掌握住了原住民各族群的社會與文化的主要內容，構思是全面與周詳的，對讀者了解台灣原住民歷史發展的脈絡頗具參考價值。

　　原住民神話與傳說叢書，作者謀篇布局周詳，與作者對材料的熟悉程度密切相關，這又得益於作者長期研究與厚實田野調查的積累，體現一個民族學者的特殊關注。

　　原住民神話與傳說叢書，表現了一個客觀的人類學者調查和研究各民族的文化，需要正確對待和慎重處理的態度，顯然作者的論述，符合了這個條件。

　　原住民神話與傳說叢書，作者運用了社會學、語言學、文化人類學、醫學、地質學、考古學、歷史學、地理學、科學等學科旁證，以增加說服力。這些特點在各書中都有生動的體現。作者正是依靠多學科材料的梳理辨析，從線索中解釋口傳文學，得出科學、可靠的學術結論。

　　原住民神話與傳說叢書，作者十分重視這些神話傳說故事中蘊藏的歷史真實與史料價值，透過分析考證某些具體的歷史問題，是民族學者習用的研究方法，作者能夠得心應手，運用自如，加以辯證之。

　　原住民神話與傳說叢書，作者微觀論析具體，顯然做到了駕馭和使用各類原始材料的能力。如果作者沒有很好的文學修養，顯然是不行的。因此閱讀作者的每一部著作，文筆流暢，讀之順暢無礙。

　　原住民神話與傳說叢書，作者既有宏觀的整體把握，又有微觀的細部深入，宏觀與微觀兩者進行辯証統一的研究，構成了這位原住民學者的一個顯著研究特色。

　　原住民神話與傳說叢書，作者發揮其身為原住民布農族的優勢，為民族文化與文學的發展、繁榮做出了重要貢獻。

　　原住民神話與傳說叢書，作者以樸實、流暢的文字為我們描繪了一幅幅生動鮮活的畫卷，一步一步導引我們走入原住民的心靈世界，使我們深切地感受到原住民的生命意識與熱愛生命的氣息。

　　原住民神話與傳說叢書，作者收錄材料豐富，描述細緻、具體，但沒有給人以臃贅之感，實為難得之佳作。作者論述頗中肯綮，實為不刊之論。

　　總而言之，我從哲益君的著作中，獲益匪淺，我們對於哲益君這部台灣原住民神話與傳說叢書著述的評語：這是一部台灣布農族學者寫作的台灣原住民族民間口傳文學，優秀的民族學與文學著作，作者體現了他熱愛民族的抱負：台灣原住民神話與傳說叢書是頗有學術份量與說服力的巨著，在中國民族學學科領域增添了新鮮的材料，作出了可貴的貢獻。我們也看到了台灣少數民族學術隊伍的實力，我們衷心地祝賀哲益君的學術成就。

覃聖敏 序於廣西民族研究所

2003.06.13

【自序】
記錄原住民文學與文化的瑰寶

　　從日治時代至今不知有多少中外人士在不同的時間與空間進入了台灣土著原住民族的生活領域，進行人類學研究調查訪問，搜集原住民族的口述歷史文化史料與文學材料，俾便整理出原住民的發展來源與進化的歷史過程，經過科學分析與研究，從而整理出原住民的發展史、來源、語言、藝術、文學、宗教、信仰、道德、法律、風俗、習慣等，將研究成果公諸於世，原住民神秘的歷史文化於是日臻明朗化，這些成果皆歸功於這群默默辛勤調查研究的前輩學者們。

　　人文社會科學研究，總是在前賢的基礎上前進的，有了前人筆路藍縷的開拓，後人才有平坦寬廣的大道；有了前人種樹，後人才有乘涼的地方；有了前人深入不毛之荒涼境地開拓學術領域，才有後人的開花結果。

　　前賢探索原住民的民間口傳文學，或從宏觀的角度去研究，或從細部的微觀深入，兩者都已經有了相當的成績，從而自民間口傳文學中獲得一個民族的族群發展、社會制度、經濟生活、信仰祭儀、生命禮俗、生活習尚、藝術表現、邏輯思維等等的大致輪廓。

　　後人便踩踏著前人的足跡，就前賢的成績，繼續豐富之，又據新的材料使之更為充實與完整；這一套台灣原住民神話與傳說叢書即是前賢研究成績的完滿呈現，是前賢們的集體成就。

　　台灣原住民自古以來即無書寫文字，因此口耳相傳的神話傳說故事就成了傳遞民族文化、歷史薪火的唯一工具，所以研究原

住民的文化歷史，研究民間口傳文學是最直接的途徑之一。

　　冀望本叢書能夠對於台灣原住民的文學、歷史與文化的研究有所助益，願望原住民繁衍不息，如烈日般熊熊發亮，原住民的智慧永續承傳，原住民的生活快樂健朗。

　　謝謝恩師政治大學中文研究所黃志民博士引領進入中國民俗學的研究領域，謝謝曾經指導過我田野調查的俄羅斯漢學家李福清B.Riftin博士。

　　謝謝文化大學中文研究所金榮華教授以及逢甲大學歷史與文物管理研究所陳哲三教授對於拙著台灣原住民神話與傳說叢書的指導與提出許多寶貴的意見，使本書更具價值；亦謝謝廣西民族研究所研究員覃聖敏教授的飛函推薦，使筆者備感榮幸。

　　台灣原住民神話與傳說叢書，得以成書，感謝內子全妙雲女士不畏風雨與辛勞陪伴著我到部落田野訪查，充擔我的私人司機，使我能夠安心從容的從事民族文化的研究工作，更感謝的是長期關注原住民的晨星出版社陳銘民先生，以及編校筆者台灣原住民神話與傳說叢書的薛尤軍小姐。

　　筆者資材駑鈍，恐多疏漏與未逮之處，祈願拋磚引玉之效，尚祈海內外專家學者與讀者，不吝指導與糾正，祝福您生活美滿。

田哲益　於山水居

2003.06.13

邵族神話與傳說

目次

CONTENTS

【導讀】

原住民的神話與傳說

田哲益

　　「文化」一詞，可以說是生活的總稱，是一個綜合的整體，為一個民族的根與文治教化。人類社會由野蠻而至文明，其努力所得之成績，表現於各方面者，為科學、藝術、宗教、信仰、道德、法律、風俗、習慣等，以及其他作為社會一分子所獲得的任何能力與習慣，其綜合體，則謂之「文化」。

　　文化可看作是成套的行為系統，而文化的核心則是由一套傳統觀念，尤其是價值系統所構成，由此而形成一個民族的特殊表現。

　　一個民族，「文化」正是其根本命脈；一個民族如果沒有文化，便等同滅族了，相對的，一個民族要興旺，必須讓自己的文化特質，使之發揚光大。

　　原住民的歷史信史時代雖然只有短短的四百年，但是其神話與傳說故事內涵稱得上博大精深、淵遠流長。

　　不過原住民與漢系文化交融以及在西洋文化的衝擊下，原住民文化的內涵，幾乎就要漸漸淡出，如何讓固有優良文化，得以保留和傳承，甚至發揚光大，確實有待吾人努力。

　　台灣原住民是沒有文字的民族，其文學和文化的傳承即是靠口耳相傳的神話與傳說故事。

　　原住民神話傳說故事是台灣文學的一部分，也是原住民文化重要的部分。原住民的民間文學傳述的方式都是口耳相傳，因此很容易散失，在這樣的情況之下，原住民的文學一定要在自己歷史文化的脈絡裡面建構出自己的系統。台灣的文學如果沒有原住民的文學，尤其是神話傳說等作為基礎的話，對台灣文學的發展是一個非常嚴重的遺憾。

　　今日時局，原住民文化的內容多只強調文物的展示而已，而忽略了文物內涵中的風化與教化作用；換言之，在整個文化內涵的表現上，只有實物等部分的呈現，而「風化」與「教化」的影響，卻一點都看不出來；族人的文化氣質並沒有提昇，原住民社會依然充滿了各種迷惑、失落與媚外的現象，令人擔心與憂懼。

　　台灣原住民文化從何源起？其文化特色為何？有趣的是，台灣本島原住民族群並非由單一民族所構成，按語言、風俗、習慣、生理特質與民族性，都有其截然明顯的分界。本套叢書則是以各族群為主體，透過個別化來處理，以避免在理論架構上犯了概念籠統的忌諱。

　　神話是一個民族的夢，台灣原住民的神話傳說非常純真與無邪，是追求理想與企圖突破困境的渴求；原住民的神話與傳說故事是構成其文化的最主要依據，內涵豐富繁多，其有諸多之特色：

　　原住民的神話與傳說故事在許多不同之族群或地方上的觀念是共通的，也有許多神話與傳說故事是相同的。

　　原住民的神話與傳說故事雖然不是長篇巨構，但是情節豐富複雜。

　　原住民的神話與傳說故事不離於道，即「真理」與「因果」，凡事皆顧慮到「天理人情」，闡明因果真理，因此能夠產生移風易俗的「風化」與教化作用。

　　原住民的神話與傳說故事強調群性的勸戒與教化，絕少標榜個人與師心自用，以免陷入自我為主與不顧天理人情、不講因果，甚至違背真理之事實。

　　照現代台灣原住民的生活上面觀察，原住民同胞很開朗、健壯、誠實、擅長歌舞與運動等等，其神話傳說故事亦粗獷、原始、幽默有趣、真心誠摯。

　　原住民神話傳說故事是原住民日常生活實踐行為的準則,傳說中有許多禁忌信仰與宗教儀式故事等,皆是族人的行儀規範;原住民的禁忌信仰蘊藏著經驗智慧的思考,他們就是靠著這些傳說故事避過一次又一次的天災人禍;古代原住民知識未開,因此沒有辦法以進化論和生物學的觀點告誡子孫,因此藉神話傳說故事、禁忌信仰,告誡子孫不要違反自然的規則;這樣的思考,以今天生態學的發展過程來看,是非常進步的一種生態思考。

　　原住民的神話傳說故事蘊藏著很獨特的思維模式,其中蘊含了一種對上天的尊敬;人只是生命網路中的一部分,不是生命界的全部,只有和自然界保持和諧,才能夠找到救贖。

　　原住民神話傳說故事多具勸戒性,這顯然就是希望藉諸一些人為的創作來從事改變部落社會的塑造功夫;當然,成效如何,關鍵就在於人為的力量怎樣去強力實施與實踐。

　　原住民神話傳說故事裡祖先的教訓,是無時無刻存在的,用以強化口傳的權威性與實踐面;族人的行為習俗有了既定的規範,和可循的方針,就不致發生驚世駭俗逆倫之事。

　　原住民神話傳說可以說是原住民各族群整個歷史動力的來源,原住民各族群皆有豐富的族群創世說、來源說及發展說等神話與傳說故事。

　　原住民神話傳說故事是一種集體性的創作力量,並進而成就一個族群做為主體所具有的「個體性」;原住民各族群難免有許多相似或重疊的神話與傳說故事,但是其所存有的意涵卻不盡相同,都有其個別且特殊的意義。

　　原住民神話傳說故事有其個別的、具體的獨特性。三百多年前,西班牙及荷蘭時代便使用懷柔、愚惑政策,企圖以宗教教義歸化原住民,明鄭及滿清時代雖略有經營,但成效不彰;日治時代之隔離與奴化政策,也使「順良日本臣民」的「皇民化」陽謀付

諸東流，而原住民文化千百年的傳統獨特性，卻沒有消失或變質，僅是在生活起居上微波盪漾，稍有變異而已，這就是靠著神話傳說故事繼續著其文化的延續。

原住民神話傳說故事具有外塑的力量，潛移默化，讓部落族人一體遵行，並且有因果與神罰的意識。

原住民神話傳說故事具有「人文化成」的人格論，著重個人的修養、努力與成就，例如織布、狩獵、道德修養、英勇禦敵等成績，皆為族人所敬重。

原住民神話傳說故事，男子狩獵於林野間等於是他們生命與自信的泉源，狩獵文化對原住民而言，扮演了生命禮俗及社會組織化的實質過程；透過生態教育認清自己的渺小，而更謙卑仁厚地跟萬物相處，尊重每一物種的生存權，適度地運用而不巧取豪奪。

原住民神話傳說故事，歌謠與舞蹈是原住民族長久以來情感與肢體協調及精神氣度活化的結晶，原住民的歌舞與神話傳說文化的脈絡有著緊密關係，他們唱歌不僅僅是要表現個人的情感，很多的部分其實是集體向天神表達其虔誠的心聲。

原住民神話傳說故事，自古以來即重視男女兩性教育，實施軍事教育、宗教教育、禁忌教育、倫理教育、工藝與技藝教育、生活教育、狩獵漁撈與農耕教育等等；不容否認的，原住民神話傳說故事中的宗教教育與禁忌教育，影響原住民最深刻也最重大。

原住民神話傳說故事，祖靈崇拜（祭祖）涵蓋著原住民的人生觀、價值觀與社會觀和邏輯觀。

原住民神話傳說故事如日常生活所用的服飾、裝飾與器用等等具物質性介體之背後，都有其象徵意涵；可惜原住民豐富的文物，在缺乏認識、鑑賞及運用下，失去文化推廣、教育與利用功

能，殊為遺憾，畢竟人類諸多偉大的藝術與發明，都是啓發自這些智慧文物。

原住民神話傳說故事具有道德與倫理的涵育與實踐，例如：親情的倫理與道德、民族的倫理與道德、父子的倫理與道德、母子的倫理與道德、兄妹的倫理與道德等等。

原住民神話傳說故事具有生命境界的培育，大凡一個人自出生開始即必須透過各種進階人生的生老病死，死後還有「善界」、「祖靈之境」、「鬼界」、「鬼靈之界」等概念。

原住民神話傳說故事對於整體人類具有反省、有批判、有想像、有創意、且有特色的反應。

原住民神話傳說故事對於勤儉善良者予以褒獎，暴戾者予以懲罰，甚至使之消聲匿跡，隔離人寰。

原住民神話傳說故事的本質是具集體性的，所以其內容則必然是跨世代的，即從上一代傳給下一代，而且，可以連續好幾代一直流傳下去。

原住民神話傳說故事可知古代原住民是過著群體生活的社會，服從、互助、協調性極高，是樂天知命的民族。

原住民神話傳說故事具有用集體的力量來成就整體，基本上是運用透過種種具體性的社會制裁來推動，最後付之實踐，使它具形化，展現這樣具形化的現象，最具體而微的就是表現在生活方式上面。

原住民神話傳說故事具有企圖透過神話政治的手段來捍衛土地與經濟利益，推動部落政治體制的基本歷史形式。

某些原住民神話傳說故事具有創造階級屬性的特殊形式，例如排灣族、魯凱族之貴族與平民制度，卻帶動了整個部落的活潑氣息與發展，舉凡雕刻藝術、建築藝術等蓬勃展開。

從原住民神話傳說故事中可以看出，原住民生活中不變的核

心價值觀念是土地、植物、動物和同族群的和諧，原住民的小孩從小時候起就被教育要在土地、植物、動物和同族群族人之間保持和諧。

　　台灣原住民的經濟在歷史發展的過程中，絕對不會離開它的基本生產要素──土地，亦即在台灣這塊土地上種植農作物、畜養牲畜、涵養森林和撒網捕魚；因此原住民各族群都有大量與土地、農耕、作物、狩獵、動物、植物等相關的傳說故事。

　　原住民各族群由於居住的地區與地域不同，就產生不同的文化，這些都很明顯的反映在神話傳說中的慶典、宗教、建築、藝術、物產、語言、風習以及歷史傳統上。

　　從原住民神話傳說故事中可以看出，原住民各族群是互助、分享的社會生活方式，是將有限的自然資源做最有效的分配和分享。

　　從原住民神話傳說故事中可以看出，原住民各族群尊重大自然，學習與大自然、土地共榮共存，這是現今全球對人類反省的共識和人權主張的原則；自然界擁有繁複多樣的生態資源，人類的生命來自大地，原住民對於所賴以安身立命的大自然恆常存有一顆感恩、敬畏的心與孺慕的情懷；原住民神話傳說故事之創作、孕育者，都滿懷著自然生態的思考。

　　從原住民神話傳說故事中可以看出，古代原住民對於大自然的各種災禍例如：洪水、地震、海嘯、颱風、瘟疫等等，有著危機處理的意識和應變的能力。

　　台灣原住民分布的範圍很廣，因為區域性的不同，因此文化的表現也不盡相同，本叢書對於不同的原住民族群，考慮其獨特性與個別性，予以分別詮釋，亦即將原住民十個族群分別立說，以使各族群的文化有一個完整的輪廓形象與整體的觀念思維。

　　自古以來，台灣原住民社會一直持續的變化，不同時期的原

住民社會環境和社會關係不斷的改變；原住民納入複雜社會後，
社會形式改變，而其原來社會與文化的基礎已然處於消失和脫離
的狀態，由於進入當代社會之後，原住民在社會體系層面受到外
在社會的影響，文化的象徵面相便顯得特別重要。本叢書纂述台
灣原住民十族神話與傳說故事，即是冀望原住民傳統文化表徵之
重現，而原住民獨特的傳統神話、傳說、故事，實為建構原住民
文化與生活的依據之一。

　　明末延平王鄭成功東征，驅逐荷蘭人，重兵屯墾，台灣始正
式編入中國閩粵文化的版圖；自清朝閩粵移民入台至日人的強
奪，台灣可說歷盡滄桑，而原住民也就在近代由原始生活的狀態
下，在短時間裏捲入文明社會的洪流裏；無疑地，生長在此時代
的原住民同胞們，生活形態正面臨著另一種空前急遽的變遷。

　　際此同時，原住民文化必須面對新的挑戰，最主要的是在現
代化急流中原住民文化將何去何從？她將以甚麼姿態繼續繁衍下
去？這是吾人所最關心的問題，本叢書是將原住民最精華的神話
傳說故事文化整理出有系統的一系列套書，對於原住民文化、文
學、神話、傳說、故事、生活、宗教、政治、祭儀等等的研究，
或可造成影響與貢獻。

　　在今日社會一般評價原住民所給予低劣的印象，譬如嗜酒、
不善儲蓄、自卑、過著沒有前瞻性的生活，這種蓋棺論定的評
論，在遽變的原住民社會中，實在令人不敢苟同，將過度時期之
特例視為原住民文化千百年來之傳統代表，不但以偏概全，而且
論斷之幼稚令人莞爾；過去的原住民在未受到現代大文化的衝擊
時，絕不是過著嗜酒、不善儲蓄、自卑的生活，反而是過著自信
與積極的生活態度；論者不但沒有給予關心與伸出友誼的關懷，
企圖解決原住民當前的困境，尋求原住民的出路與未來，甚至可
以說是污衊了原住民的先人。

　　一個國家，不論是由一個或多個種族所組成，一旦成為一個國家，便應存異求同，形成多元一體的文化。

　　台灣原住民文化亦是台灣文化重要的資產，如何整頓、提倡、維護、澆灌，實為當務之急，而不是淪為口號。

　　以關愛國家提倡文化，這才是「智者」的行為，今日，國人多有自卑而崇洋的現象而忽略了自己本身的文化之美，更忽略了少數族群或民族的優美文化。

　　社會的發展乃一整體性的演進，雖然原住民社會的一些舊秩序，將不可避免要面對絕望的、悲劇的、無能為力的、逐漸被消化殆盡的下場，為了防範淪為滅族的命運，揆諸各民族都不免帶有自尊的成份與優越的色彩，尤其原住民族更應拿出自信心，相信自己的歷史文化，堅守優良的傳統，並自信有能力解決所遭遇的任何荊棘與困頓。

　　用心關懷原住民，舉凡文物的維護與保存、民俗的提倡與發揚，具體地在各鄉鎮設立原住民文物館、各縣市設立原住民文化中心或研究開發中心等等，原住民文化的再生與再造開拓才有可能；本叢書本著歷史性的契機與文化深耕的舞台，務使原住民文化重整旗鼓與發揚光大。

　　本叢書在原住民優美文化涵育下建立原住民神話與傳說口傳文學完整體系，冀望原住民文化薪火永續。

　　由於台灣地區的原住民沒有自己的文字、文化背景特殊、生活環境資源貧乏，導致原住民社會逐漸解體，文化瀕臨消失，本叢書的撰述，對於原住民的文化教育，希望產生啓迪的影響作用。

　　過去對於原住民的探討，非常缺乏從原住民的神話與傳說的民間口傳文學觀點去了解原住民的文化，台灣原住民各族嚴格說是一個尚未創作文字的民族，因此其所賴以生存的文化空間即存

於神話與傳說中和由此空間所形成之民族個性與表現；本叢書即是企圖將原住民的深層文化展現出來，除了從外在社會去檢討外，更從原住民內部的文化去著手詮釋，如此原住民社會的親族制度、部落制度、經濟制度、宗教制度、社會制度、傳統風俗、思想邏輯等等，都將提供很好的思考切入點。

原住民文學不僅在內容上可以豐富台灣文學，在語言的譯解運用上，亦能使漢系族群文學的構辭及修辭意涵，得到更多的創造空間。

台灣是多元文化的社會，多元文化所賦予的符號意義是什麼呢？基本上就是「差異」，因此創造多元文化的意義，就是創造具有美感的「差異」。

多元文化之原則是基於尊重各原住民族傳統風俗、信仰與文化差異，使各民族與各族群保有各自獨特的生活方式與文化，並在一個相互依存、尊重、平等及包容的關係上共同互賴生活。

當前台灣原住民面對的真正困境可能還不是發展的問題，而是民族生存的問題，只有落實多元文化價值，原住民本身自立自強，才能建立雙贏互利。

尊重原住民族傳統對文化孕育之土地、場所，應該予以保存，並培養國民尊重、鑑賞不同民族文化之態度與觀念。

尊重原住民的歷史、語言，促進多元民族文化，肯定原住民族維護與發展自己民族的社會、文化、財產、政治、與價值觀的自主權力；只有尊重原住民文化，才能對台灣的文化內涵做出貢獻。

為了原住民的生存與延續，不管在政治、經濟、教育、文化與語言方面的扶持，都應以國家的力量特別予以保護。

確認原住民族是台灣歷史的起點，台灣任何有關的主張與宣示，必須從這個本質與演變的脈絡概念開始，進行台灣歷史詮釋

的認識和基礎，整體政策規劃的權利重組才有真正的族群正義。

　　協助編輯原住民各族的鄉土文化教材，以促進原住民文化保存與傳承，整合資源，促使原住民部落歷史重建、文化藝術及語言復振，有系統發揚原住民族的文化。

　　政府應依原住民族意願與尊重、平等、多元而發揮社會正義精神，絕對保障原住民族教育文化權，充分發展原住民教育，並保有其持色及文化傳統，建立多元發展的教育制度。

　　國民教育應納入多民族文化之差異，相互尊重等概念，在現行教育體制下，儘速增設原住民文化教育機構，以推廣與保存文化機制，有效傳承與發揚原住民優良傳統文化，培育原住民多方面的人才；事實上，原住民族教育政策不僅在於民族文化的「挽救」，更在於促進民族文化的再生。

　　文化的重要性，在於它是各種制度的生命內涵，在於它是一個民族和社會精神之所依托，所以世界上任何一個文化如果不能夠建立自主性，則其亦不能自我向上昇華。

　　台灣由於特殊的歷史環境與歷史的經驗，台灣文化最早的根源是南島語系的原住民文化以及閩粵文化，讓台灣的文化景象非常的多元，充滿生命力、創造力與充滿多元性。

　　台灣的文化如同一道絢爛的彩虹，原住民文化也是其中亮麗的一種色彩，如果少了這樣的色彩，彩虹就不再美麗與燦爛。

　　由於現代文明的引入，使原住民文化在久經壓制與衝擊之後，有逐漸流失和衰頹的趨勢，但是學術界和民間團體的長期關懷和努力，使原住民文化仍能達到相當程度的保存，然而這種保存僅是一種靜態的文物展示和學術研究資料，仍缺乏一種動態性生機和前瞻性的開展，如果原住民教育的目標僅著重於「維護」文化，顯示它仍是一種靜態的、被動的、非生機性的目標，欠缺積極發展的功能；當前原住民族群的當務之急，不僅是如何透過

教育制度來維護、傳遞、擴散文化，更需要透過教育來融合外來文化，創造文化，開展文化的生機，當然守住自己的文化也是要靠自己自我意識的覺醒與努力。

我們期盼生活在台灣的原住民各族群人民，能夠正視自己優良的傳統文化，重構自己的根，大聲的唱著自己的歌，乃至於宗教儀式、藝術活動、傳統手工藝、道德價值觀、宇宙觀等等都能復振起來，以原住民文學藝術與生活樣態，特別是以神話傳說與宗教為素材的音樂、舞蹈、文藝、影藝等創作，也如雨後春筍般的出現。

第一章

邵族遷徙口傳文學

壹、邵族原居住台灣南部遷徙水沙連

邵族人居住在台灣中部的日月潭,據邵族的傳說,他們是從外地遷徙定居在這裡,邵族之逐鹿傳奇一直是邵族人津津樂道的傳說神話:

> 據說在很久很久以前,邵族的祖先因為打獵追逐一隻罕見的白鹿,因而發現日月潭,因此返回原居地,帶著族人來到這個魚肥水美的洞天福地定居。

> 邵族的原居地,有人說在阿里山鄒族住的地方或附近;另有人說是在台南平原的平埔族社域裡。

從逐鹿傳奇而知邵族祖先可能來自阿里山或台南平原。邵族人可能曾經與阿里山山區的鄒族或台南平原的平埔族西拉雅族等結鄰。

至於邵族人祖先為何會發現日月潭這個新天地,是由於其祖先追逐白鹿,一直追到日月潭,認為這裡是魚肥水美的洞天福地,因此返回原居地把族人帶來此地定居。

邵族曾經被認為是屬於阿里山鄒族,在鄒族的傳說中指出邵族人原為鄒族人,他們的祖先是為了追逐一頭罕見的白鹿,才來到了現今日月潭附近定居。按布農族也有邵族為鄒族之一支,因追逐白鹿來到了日月潭的傳說。

若邵族為阿里山鄒族的一支,那麼邵族知名的毛王爺,可能擁有鄒族社會中稱為Maotano的勇士地位,因此台灣光復後,改姓漢姓的時候,取其前音「Mao」,即「毛」姓。

按毛氏也曾有謂祖先可能來自阿里山區的說法。

邵族的始祖傳說,似已完全失傳,學者採集的傳說,似只見所謂白鹿傳說;亦即為追獵白鹿,而遷移日月潭附近的傳說。至於由何處遷來?則有二種說法,一說他們由阿里山來的,一說他們來自阿里山附近的大埔地方。①

　　民俗學家徐福全博士則懷疑，邵族的頭上「插草」，是否與台南西拉雅平埔族的竹籃和「海祭」時頭上插草的意義相關？頗耐人尋味。這項懷疑在邵族的移民傳說中，獲得有力的支持。……由頭社遷居大坪林的白氏及毛氏耆老，白潔、毛熊山等人的口述移民傳說中卻提到祖先先由台南追白鹿，才追上阿里山，又由阿里山追白鹿才追到日月潭。②

　　邵族祖先藉著追白鹿的故事來告訴子孫他們的故鄉原居地是台南。台南則為西拉雅平埔族的生活圈。那麼邵族是否古早以前，由平地被漢人逼往阿里山區發展，這一小支平埔落戶在曹族（鄒族）勢力圈，學習曹族（鄒族）文物衣飾，獲得曹族（鄒族）認同與通婚，又保留自己的語言與信仰文化，終於形成一支綜合山地與平地文化的小社族呢？凡此種種，都值得進一步探討。③

　　　很久很久以前，我們的祖先本來住在阿里山那邊，
　　有一次族人的獵隊在山裡打獵的時候，發現了一隻白
　　鹿，很高興的猛追不捨。

　　　但是追了好幾天都沒有能獵得，最後追到了日月潭
　　畔才終於得手。我們的祖先們看到日月潭有山、有水、
　　有魚、有山禽，覺得日月潭是一個很好居住的地方，所
　　以回去阿里山，把族人都帶過來這裡住下來。

　　本則故事非常明白的表述邵族人是從阿里山地區追捕白鹿而移民至日月潭，如此之類的傳說，致使邵族從日據時期的人類學研究者以迄民國，就一直把邵族納入鄒族原住民的一支。

　　至於追捕白鹿的獵隊究竟有多少人，有些傳說謂有二十四名鄒族人往東北追逐一頭白鹿。

　　按本則故事與其他故事最大的不同點是：本則傳說故事中所追逐的白鹿，獵人們「終於得手」。按大部分的逐鹿傳說皆謂：追逐的獵人們最後沒有獲得白鹿。

洪英聖〈南投縣原住民史料概況〉載邵族頭目袁阿送的直系孫子袁福由，轉述當年袁阿送告訴他們的傳說：④

約三百多年前，邵族原本住在阿里山一帶，有一天祖先許多人帶著狗出門打獵，經過許多天都沒有甚麼收穫。

大家正在失望之際，忽然出現一隻罕見的白鹿，大家群起拼命追趕，白鹿跑得很快，一直跑到一個長滿蓮花的大湖泊，白鹿忽然跳進去，不見蹤影。

祖先們也追到湖泊裡，也跟著跳進去找，但是仍然找不到，水中卻出現許多大大小小的魚群，圍繞著他們，在他們的腿邊穿梭，怎麼趕也趕不走，於是用手抓，居然輕易地抓起許多魚。

雖然沒有捕獲白鹿，但是他們發現這個天堂般美麗富庶的新天地，於是回阿里山把一部分族人帶來這裡定居。

他們當初追逐白鹿時，為了防止迷失方向，在沿途的巨木樹幹上砍一個記錄，先來的族人也根據這些記號才能從阿里山移民到日月潭。

由於第二批後來的族人決定過冬之後，春天才要移民，不料從此再也找不到路相會，因為春天時，樹幹已經長出新的樹皮，記號不見了，日月潭的族人也找不到原路回去，從此兩地隔絕，各自生活直到今天。

這也就是至今，阿里山的曹族人認為邵族該是他們的一部分「族人」的原因。

本則傳說故事指出邵族遷徙日月潭的時間大約是在三百多年前，獵人因為追逐白鹿來到了日月潭，但是最後他們仍然沒有抓到白鹿。他們卻發現潭中有許多魚，認為是一個很好的居住地。

　　依據本則故事敘述，日月潭的邵族人原本要分兩批自阿里山移民日月潭，但是因為路標（記號）消失了，第二批人就無法移民日月潭了。

　　邵族獵人追逐白鹿的時候，在沿途的巨木樹幹上砍一個記錄，這樣才不會迷失回家的路。追逐白鹿到達了日月潭的獵人即是根據了沿途樹幹的記號標誌再回到阿里山將第一批族人遷徙到日月潭。

　　第二批族人欲於過了冬天，春天來臨時才要遷徙日月潭，不過先前在樹幹上所做的紀錄記號，到了春天，樹幹長出了新的樹皮，紀錄記號消失了，第一批來到日月潭的族人找不到原路回去阿里山，因此就沒有把原欲第二波移民的族人接引到日月潭定居，從此兩地隔絕。

　　日據時期部分日本學者認為，日月潭邵族應屬於阿里山的曹族（鄒族）系統。到底邵族來自哪裏？至今仍是一個謎。日月潭的邵族傳說中指出三、四百年前，祖先由阿里山沿山區追逐鹿隻，才發現這個新天地。但水里鄉邵族人則傳說是由台南追白鹿追到阿里山，再由阿里山追白鹿追到日月潭定居。日本學者考證，該族祖先可能從嘉義曹族（鄒族）區的大埔經中央山脈，入八通關古道，到達日月潭。大致上與今天由溪頭到阿里山步道與今「溪阿縱走」有些重疊。但是據近代學者……實地調查，邵族的語言、生活習俗卻都與阿里山曹族（鄒族）不同，已幾乎難以互相印證。⑤

　　〈鄒族傳說〉，《台灣原住民口傳文學》，浦忠成：⑥

　　　　日月潭的邵族據傳是一隊由阿里山出發的鄒族獵人隊伍，在追獵一隻白鹿時，找尋不到回途，為當地敵族所俘。

　　　　敵族命其中一左撇子射樹頂一隻小鳥，如命中則全

數留活，如未命中則全數殺死；原被看輕的左撇子竟然一箭把小鳥射下，所有人因此可以活命下來。

據本則故事，邵族人來到日月潭，日月潭已經有人居住了，邵族人原是阿里山鄒族人，一支狩獵隊伍追逐白鹿追到了日月潭，結果被當地的敵族所俘擄，敵族與邵族人約定若射不中樹頂的小鳥，則全數殺死，邵族左撇子獵人一箭命中樹頂上的小鳥，邵族獵隊才得以活命了下來。

至於已先住在日月潭地區的人，到底是何種族？故事中沒有說明，筆者猜測有可能是住在埔里盆地的泰雅族人或者是布農族人到此狩獵，遇到了邵族人。按布農族人亦曾經居住過日月潭附近。

〈日月潭逐鹿〉，《邵族華采》，鄧相揚：⑦

邵族人說他們的祖先原來住在阿里山，也有另外一說，說是原來住在台南府城附近。

在很久很久以前，邵族的一隊獵人在山中打獵時，發現了一隻肥碩的大白鹿，大夥兒於是驅趕著獵狗，一路翻山越嶺地追大白鹿，邵族祖先在追逐白鹿進入深山後，沿路在樹林上以獵刀削下一片樹皮做為路標記號，追了好幾天，正當大家精疲力盡時，看到眼前竟然展現出一片湖光水色。

邵族人追逐的那頭白鹿走投無路，衝入了湖泊之中，一路奔逃的熱蹄被冰冷的湖水一凍，更是僵硬難動了，邵族祖先獵得了白鹿之後，白鹿紅色的血和內臟吸引來多得數不清的魚類爭食。

隨行的長者族人把撈得的魚類謹慎地先試食一番，不但沒有中毒，而且發現湖中的魚群美味可口到極點，其後才允許青壯年的族人食用。

　　大家真是高興極了，湖泊區不但景色優美怡人，而且湖中有那麼多取之不盡的魚類，這真是上天賜給族人安居的好處所，於是趕緊循著削下樹皮的記號回到原社去帶來族人，從此邵族就在日月潭定居下來，日月潭變成了他們的故鄉。

　　邵族逐鹿傳奇傳說故事猶如中國神話桃花源般，有異曲同工之妙。人類有著幻化神祕理想國之豐富想像力，合理化填補那些人間不可知的過往與歷史。而一旦戳穿了歷史的真相與面貌，人類又會不斷尋找歷史之片斷，來自圓其說，否定或肯定，支持或反對之聲浪如排山倒海而來，各唱各的調。學派與學派間各有其理論學說；口誅筆伐互不相讓，尤其族群之區別認定，族群之名稱一經政治之干預，就足以讓族群名稱定於一尊，不得有議。遑論建言「還我族名」，過去的時代就違反了有族群分裂，動搖國本之虞，是會招致殺頭之大忌與禍患。⑧

　　本則傳說故事，獵人們獵獲了白鹿。邵族獵人追逐白鹿追到日月潭走投無路，白鹿為了逃命衝入了湖泊之中，白鹿一路奔逃的熱蹄被冰冷的湖水一凍，於是僵硬難動，最後被邵族獵人捕獲。

　　邵族獵得白鹿，殺之食之，由於白鹿紅色的血和內臟吸引來許多魚類爭食。當時邵族人還不知道吃魚，有一位長老先試食一番，結果沒有中毒，而且覺得美味可口，青壯年的族人才開始食用。

　　這一群邵族獵隊，發現日月潭景色優美怡人，而且湖中有取之不盡的美味魚類，以為是天賜福地，便回原社接引族人舉族遷徙日月潭定居。

　　據說邵族古時由頭人排大木Pajtadu率領狩獵隊，因為了追逐一頭可愛的白鹿，循溪源越鞍部而臨古老的水

沙連山區，竟天賜良緣發現了一泓碧水的日月潭，從此舉族遷居風光明媚的水沙連。

本則傳說故事敘述帶領邵族獵隊追逐白鹿的是頭人排大木，他們追逐白鹿到達了水沙連山區，並且發現了日月潭，於是舉族遷徙水沙連。

〈日月潭邵族的樸素傳說和歷史〉，鄧木卿：⑨

傳說久遠以前，阿里山附近住著一群人，以漁撈、狩獵為生，有一天，頭目「排大木」帶領族人勇士出外狩獵，為了追捕一隻白鹿，翻山越嶺，經過數天數夜，眼看就要抓到，突然間白鹿跳到一美麗潭水，便失去蹤影。

天色漸暗，排大木只好叫弟兄們在湖邊休息過夜，糧食早已吃完的勇士們又飢又渴，正當到潭水邊喝水時，意外發現潭水中游著大量魚群，於是大家便抓魚烤來充飢，第二天帶著烤熟的魚循著原路走回家。

族人們認為是祖靈旨意，要白鹿帶領他們找到一處新天地，後來全族遷往潭邊居住，而那美麗湖泊就是現今的日月潭，一隻白鹿改變了全邵族人的命運。

本則傳說故事邵族獵人並沒有獵得白鹿，但是白鹿帶領了邵族人找到了新的生活天地。又本則傳說故事清楚的交代帶領獵隊追捕白鹿的是叫「排大木」的頭目。

〈逐鹿傳奇〉，鄧相揚：⑩

康熙年間，嘉義大埔豬母勝社壯丁二十四人，在八通關與巒大山附近打獵，因追捕一隻白鹿，驅犬尾隨其後，歷經三天三夜，翻山越嶺來到水社大山，忽然失去了白鹿蹤影。

一行人雖然未能獵獲白鹿，卻發現了湖光明媚的日

月潭。眾人週遊湖畔，只見高山環繞，湖水清澈鑑人，湖中又有小山一座，岸邊青草蔓延土壤肥沃，真是宜耕宜漁宜獵之洞天福地，大家無不雀躍歡喜。

　　一行人乃歸社晉見酋長，告以此地乃天與樂土，亟力主張遷往移住。幾經商議決定，先遣二十四戶，男女八十餘人拓殖湖畔，這批人就在現在的卜吉埔初獵岬（土名吐崙尾）定居下來。

　　不久人口盛旺，漁耕狩獵無不豐收，家家生活富裕。群社知情，紛紛攜家帶眷遷居此地，不數年，潭畔各社林立，人口增加到六十戶四百人之多，這是邵族在日月潭繁盛之始。

本則傳說故事情節要述如下：

一、邵族逐鹿傳奇是清康熙年間之事，亦即邵族是清康熙年間從台灣南部移居日月潭之始。

二、居住在嘉義大埔豬母勝社壯丁二十四人，在八通關與巒大山附近打獵。

三、獵人驅犬追捕一隻白鹿，經三天三夜，追到了水社大山。

四、獵人所追逐的白鹿最後消失蹤影，獵人未能捕獲。

五、獵人發現湖光明媚的日月潭，岸邊土壤肥沃，宜耕宜漁宜獵。

六、獵人返社告知酋長遷往移住。

七、第一批遷往移住日月潭者有二十四戶，男女八十餘人拓殖湖畔，他們在現在的卜吉埔初獵岬（土名吐崙尾）定居下來。

八、不數年，第二批族人遷往移住，潭畔各社林立，人口增加到六十戶四百人之多。

高淵源《台灣高山族》載一則〈日月潭邵族化蕃之由來〉，本故事與上則故事相同：⑪

　　清康熙年間，嘉義下大埔豬母勝社壯丁二十四人，在八通關與巒大山附近打獵，見一隻白鹿，即驅獵犬追趕，一行尾隨其後，向西北方向翻山越嶺，直追了三天之久，追到水社大山時，白鹿忽然消失了蹤影。不過一行雖然未能獵獲白鹿，卻發現了湖光明媚的日月潭。

　　他們遊觀湖周，見高山環繞，湖水清澈鑑人，湖中並有一座小山，岸草蔓延，土壤肥沃，真是適宜於耕作漁獵之地，尤其景緻綺麗，陽光和煦，誠備別一洞天之概，大家看了，無不雀躍歡喜。

　　一行歸社後，向酋長報告經過，告訴酋長說此湖乃天與之樂土，亟力主張遷居移住。經集會商議，決定先遣二十四戶，男女八十餘人拓殖湖邊，遣一批人就在現在的「卜吉埔初獵岬」（土名吐崙尾）定居下來。

　　不久人口盛旺，五穀豐收，漁獵多獲，家家過的非常富裕。群社知道這情形後，紛紛棄家攜眷，遷居日月潭，不數年，各社林立，人口增加到六十戶四百名之多，這就是邵族在日月潭繁盛之始。

本則故事謂邵族人遷移日月潭的時間是「清康熙年間」，此即邵族在日月潭繁盛之始，後來人口慢慢增加與繁衍。

洪英聖先生在一九九三年四月一日晚上九時至十二時，進行邵族「口述記錄」，記錄了袁福田頭目口述白鹿傳奇邵族移民史，堪稱詳備，茲錄如下：⑫

　　約四百年前，住在今天嘉義縣阿里山鄉來吉村附近的邵族祖先「排大木」，和平常一樣，帶所飼養土狗，和十幾個族人出遠門打獵。

他們準備十五天的乾糧，用竹子筒裝粟米、還有生山芋及生番薯。

如果當天打獵沒有收獲，就找一處山洞或是大樹下休息，同時起火烤番薯，露營過夜。

這一次出獵很不順利，連續好幾天，雖然狗經常發現獵物，但是一追逐，卻都沒有發現什麼。

因為狗看見或嗅覺嗅出來的動物，人們無法理解、不知道它在吠甚麼？大家只能盲目地跟著狗兒跑。

這麼多人出門打獵，又打那麼多天，總不好意思空手回到部落，讓等待他們豐收回來的老弱婦孺失望，因此他們雖然知道糧食已經剩下不多，但是追捕獵物的企圖愈來愈強烈。

終於，獵犬這一次吠得更厲害，而且獵物被獵狗追得在叢林繞了一大圈，突然跑出來，瞬間又鑽進叢林，被幾個人看到，都嚇了一跳，大喊「哇」，是一隻從沒有見過的「白鹿」。

大家鼓起精神，全力追捕「白鹿」，結果連續幾天，都沒找到，奇怪的是，每天獵犬都不放棄追逐的意志，族人也不甘心肥美的白鹿被「白白逃走」，於是拿起弓箭和配刀繼續追蹤。

只要狗叫，他們就跟著跑，一直跑到今天的南投縣魚池鄉，終於又看見白鹿的影子跑下山，大家又猛追，遠遠看去，白鹿突然跳進一條大河。（就是今天日月潭的地方）

以前日月潭的水只有現在的百分之一，今天的光華島（拉魯島）原本是一座坐落在日月潭盆地圓錐形的「珠仔大山」，日月潭分成幾條河面寬廣的支流，從珠仔

山山腳緩緩繞過。整個盆地長滿花草樹林，水的兩岸到處都是野生菱角和蓮花。

獵犬追到河岸，不斷狂吠，族人也游泳過岸看有沒有鹿的腳印，結果完全找不到任何動物的腳蹄印。

這時天色漸漸暗下來，獵犬也死心不再追了，只到水邊飲水。大家又飢又渴，糧食也都吃光了，只好跟著狗兒到水邊喝水，有的熱得順便下河泡水。

這時他們泡在水中的腳邊出現許多怪魚，不但不怕他們，用腳趕也趕不走，大大小小不知有幾百尾。

他們已經累得火大了，又被這些魚「欺負」，一氣之下，拿起佩刀和弓箭向魚群刺殺，大家飢餓之下，想到這些怪魚是不是也可以吃？

他們把宰殺的這些魚撈起來，拿到岸上。撿許多乾草、樹枝，用白色的石頭敲撞，讓火花點在棉花屑上（棉花丸是從阿里山出發前準備的，像野生的浦公英或木棉樹都是天然棉花），起火烤魚。

因為他們一向住在山上，吃過山豬、兔子、羌肉、鳥肉、蛇肉等等，卻沒有吃過這種魚肉，恐怕吃了這種東西會生病或死亡。

於是先由年紀最大的一個人「試吃」，萬一吃了會死，只損失一個，不會造成集體中毒。

結果，老人吃了沒發生甚麼事，再由第二個人吃看看，也說味道很香，很好吃，於是第三個也吃了，都沒問題，大家才忙抓魚的，有的抓，有的烤，吃不完的也烤成魚乾當「乾糧」。終於解決回程十五天食物的大問題。

但是回程那麼遙遠，既沒有指南針，又沒有地圖，也沒有路標怎麼認路呢？

　　原來他們每次出遠門打獵，為了防止「迷路」，都會在分岔處用石斧或佩刀等武器，在樹幹砍一個記號，然後沿途找做過記號的樹幹，就能回到部落。

　　他們十多人回到阿里山家鄉，告訴村裡的人，說他們發現一個有山有水，又有一種吃不完的大魚，花草樹木非常漂亮的人間仙境。

　　他們一個月追逐白鹿，而發現新天地的冒險故事，轟動全村，於是醞釀大搬家的意見。

　　終於有三十多戶，將近一百人跟隨「排大木」全家集體遷村，又依照他們上次在樹幹上所做的記號，來到日月潭新天地，此外還有一個血緣部落也想跟他們一起去，後來因故，沒有趕上，但是約好第二年才去。

　　沒想到第二年，當第二批阿里山的遠親準備遷村到日月潭時，因為隔了一年，第一批人在樹幹所做的記號，春天一到，樹皮都已經長出新皮，記號模糊消失，因此第二批人找不到路去。

　　當日月潭的第一批人，等了一、二年，沒有見到第二批族人抵達，本來也想再回去看看，但是也同樣迷路，找不到當年的路回去，從此兩地分隔三百多年。

　　第一批人推舉發現新天地的「排大木」為邵族第一代頭目，排大木來到日月潭珠仔山附近，在一棵三十個人才抱得住的巨大「茄苳」樹下，召集各戶耆老向樹神發誓：

　　從今而後，不論致富或窮困，永遠不會搬離此地，只要茄苳樹長出一片新葉，邵族必增添一人。祖先的誓語，果然成為邵族往後三百多年興衰的預言。

　　他們先定居在今天光華島（今已改原名「拉魯島」）珠仔山下，族人分工合作，有種粟、小米、還有兩種穀

物山芋、番薯；打獵、打魚，一百年間，日子平安快樂，果然茄苳樹長出茂密的新葉，族人也由三十多戶增加到將近兩百戶，人口由當初近一百人增到一千多人。邵族村落擴散到今天水里及魚池、埔里三地。……

第一代的頭目「排大木」Paidabo活到一百二十歲才去世。第二代頭目由他的兒子「馬蓋膽」Makaitan接任。這時清政府派人來破壞邵族「地理」，不但把白茄苳神木鋸斷，又蓋上銅鑼，使它永遠無法再生新枝綠葉，又把珠仔山圓形山削平，建一座六角亭，當地風水破壞無遺。

本則故事敘述詳盡，情節繁多。本則傳說故事謂族人遷居日月潭後，第一任頭目為「排大木」Paidabo，活到一百二十歲才去世。第二代頭目由他的兒子「馬蓋膽」Makaitan接任。

本故事亦涉及到「白茄苳樹」樹神崇拜，以及與漢族接觸後「風水地理」被破壞，清政府派人把白茄苳神木鋸斷，又蓋上銅鑼，使它永遠無法再生新枝綠葉，又把珠仔山圓形山削平，建一座六角亭，當地風水破壞無遺，以至於至今一蹶不振。

本則傳說故事情節要述如下：

一、邵族遷徙日月潭大約是在四百年前。

二、邵族祖先原來居住在今天嘉義縣阿里山鄉來吉村附近。

三、邵族祖先「排大木」率領十幾個族人攜犬出遠門打獵。

四、此回狩獵非常不順利，沒有捕獲任何一隻獵物。

五、獵犬發現一隻獵人從來沒有見過的「白鹿」。

六、獵人全力追捕「白鹿」，狩獵第十五天追逐到了南投縣魚池鄉，但是白鹿跳進了日月潭，最後獵人並沒有抓到白鹿。

七、獵人的糧食已經食盡，看到潭中有許多怪魚，他們不知是否可食？

八、 獵人撈起魚烤之，由年紀最大的獵人先「試吃」，萬一吃
　　 了中毒身亡，也只死一個人，不會造成集體中毒。

九、 老人吃了覺得美味可口，於是眾獵人也吃起來了。

十、 獵人們烤魚當乾糧，解決了回程返社十五天的食物。

十一、 獵人們沿著他們來時在樹幹做過的記號回到部落。

十二、 獵人們追逐白鹿，而發現一個有山有水又有一種吃不
　　　 完的大魚，花草樹木非常漂亮的人間仙境新天地的冒
　　　 險故事，轟動全村，於是族人醞釀大遷徙。

十三、 第一批遷徙者有三十多戶，將近一百人跟隨「排大木」
　　　 全家集體遷村，他們依照他們上次在樹幹上所做的記
　　　 號，來到日月潭新天地。

十四、 阿里山還有一個血緣部落也想跟他們一起去，後來因
　　　 故，沒有趕上，但是約好第二年才去。

十五、 第二批欲遷徙者因為迷路，故未能成功遷徙。

十六、 第一批遷徙日月潭者亦欲返舊社接引第二批人遷來，
　　　 不過也找不到當年的路回去了，從此兩地分隔三百多
　　　 年。

十七、 邵族人遷徙日月潭後，推舉「排大木」為邵族第一代
　　　 頭目。

十八、 「排大木」就任頭目後，排大木來到日月潭珠仔山附
　　　 近，在一棵三十個人才抱得住的巨大「茄苳」樹下，
　　　 召集各戶耆老向樹神發誓：從今而後，不論致富或窮
　　　 困，永遠下會搬離此地，只要茄苳樹長出一片新葉，
　　　 邵族必增添一人。

十九、 邵族人定居在珠仔山下，從事農耕、狩獵、漁撈活動。

二十、 邵族的人口由三十多戶增加到將近兩百戶，人口由當
　　　 初近一百人增到一千多人。

二十一、如今邵族村落擴散到今天水里及魚池、埔里三地。據陳國鈞氏向邵族長老之訪問調查,有關邵族之傳說:⑬

　　邵族之祖先來自阿里山附近大埔地方,該地族人眾多,善於打獵與農耕。一、二千年前之某日,社人四十餘率獵犬攜番薯出社打獵時,發現白鹿,追至日月潭邊,現民眾服務站後。

　　其時該地尚未有平地人居住,鹿忽跳入潭中游向東北方而消滅。獵人視此地風景幽美引人入勝,土地肥沃,不忍離去。

　　其中一人家中無親人,見潭中魚蝦甚多,喜悅萬分,由潭中捕一條魚燒而食之,魚味甚美,眾人隨之而食。

　　於是獵人或捕魚於潭中,或上山伐薪,眾意決定住居此地。乃遣四十人中之二十人返大埔,攜妻子與甘薯、芋、玉米、薑、辣椒以及雞、豬、牛及種子等齊到Puthis(卜吉)地方築簡陋房屋居住,當時全社人口約八十餘人。

　　為禦防為外族侵襲,在村落四週圍築木柵籬墻,並在距社五百步處製一里長,二十尺寬、八尺深之長溝,派壯丁輪流防守之。時霧社方面之泰雅族常往來於本社。

　　後來卜居社人口增加,居地窄,一部份移遷至今日光華島(拉魯島)、北屈(水社)及日月潭四周,以耕作而度日。後因住光華島時,感於地理不佳,遷至石印地方居住。吾等即在日據時期,日月潭發電工程開始時,移至現居地之北屈。

本則故事謂邵族移居日月潭的時間是在很早遠的時代一、二千年前即已來到了日月潭定居繁衍。

本則傳說故事情節要述如下:

一、邵族之祖先來自阿里山附近大埔地方。

二、邵族之祖先來到日月潭是在一、二千年前。

三、獵人四十餘率獵犬攜番薯出社打獵時，發現白鹿，追至日月潭邊。鹿忽跳入潭中游向東北方而消滅。

四、獵人雖未捕獲白鹿，但是發現日月潭風景幽美、土地肥沃，不忍離去。

五、獵人亦發現潭中魚美味，亦爲遷徙此地的動機。

六、獵人二十人返大埔，攜妻子與甘薯、芋、玉米、薑、辣椒以及雞、豬、牛及種子等齊到Puthis（卜吉）

七、他們在卜吉築簡陋房屋居住，當時全社人口約八十餘人。

八、他們在村落四圍築木柵籬墙，並在距社五百步處製一里長，二十尺寬、八尺深之長溝，派壯丁輪流防守之，以防霧社泰雅族侵襲。

九、卜居社人口增加，一部份族人移遷至今拉魯島、北屈（水社）及日月潭四周。

十、後來拉魯島族人遷至石印地方居住。

台大考古人類學系與南投縣文獻委員會合作刊印之《日月潭邵族調查報告書》中載：⑭

　　　　我等從阿里山追鹿，裝飯於籃內，隨犬打獵多日，到達土亭仔，鹿逃我人無船追，然發現魚眾多而見人不驚，乃云：「我等捕魚吧！汝食之！嘗一隻吧！究竟汝已老矣！無論如何難免一死呀！」

　　　　看啊！天氣多好！我等即在此定居下來吧！」於是我等築造房屋，兩所房屋，生了雙胎子，又有一婦人生了一白髮嬰孩。我等人已眾，在石印、在珠仔山、在土亭仔皆眾多。

有一日我等之茄苳樹被人用斧砍，但樹心仍留存不倒，翌日見之，樹已長好。許多天後，彼等睡中夢得樹自語：「我用斧砍不倒，若用鋸便倒，若蓋以木桶，則苗芽不出」，後來樹便倒下來。染紅了水，似血一般，眾人削瘦，幾至絕滅。

本則傳說邵族獵人從阿里山追鹿，到達日月潭於是定居，其定居後崇奉一顆茄苳樹，後被漢人以斧砍倒之。

本則傳說故事情節要述如下：

一、邵族人從阿里山攜犬逐鹿，到達土亭仔，可是鹿逃至潭中，邵族人無船可追，最後沒有捕獲鹿隻，本故事沒有說鹿是白色的。

二、獵人發現潭中魚兒眾多，他們還沒有吃過魚類，便請老者試吃，結果發現魚兒可以食用。

三、邵族獵人定居土亭仔築造房屋，兩所房屋，生了雙胎子，又有一婦人生了一白髮嬰孩。

四、邵族人口增多，又繼續遷徙石印與珠仔山。

五、邵族之信仰神樹茄苳樹被人用斧砍，但樹心仍留存不倒，翌日見之，樹已長好。

六、後來神樹茄苳樹用鋸便倒，蓋以木桶，苗芽不出，後來樹便倒下來。

七、邵族人之精神信仰神樹茄苳樹被人用鋸子鋸倒，染紅了水，似血一般，眾人削瘦，幾至絕滅。

《美麗福爾摩沙》亦載：⑮

傳說有一次祖先在打獵時為了追趕一隻白鹿，而連續經過了好幾天的翻山越嶺，當白鹿消失時，他們卻發現了一面水域，也就是現在的日月潭，當時日月潭內魚蝦多得圍在岸邊及腳旁，他們從來沒吃過魚蝦，大膽嘗

試之後，才發現了牠們的美味，又因為這兒有好山有好水適合耕作，於是他們就舉社遷移到這兒，最初是住在以「lalu」島為主的山頭，後來因為瘟疫的關係，才分散到湖的四周。最後大多集中在卜吉社。

本則傳說故事敘述如下：

一、祖先打獵追趕白鹿，連續數天翻山越嶺。

二、祖先最後找不到白鹿，卻發現了日月潭。

三、日月潭內有許多他們未曾吃過的魚蝦。

四、祖先大膽嘗試吃魚蝦，發現味道甚美。

五、此地有好山有好水適合耕作，於是舉社搬遷至這裡。

六、祖先最初是住在以「lalu」島為主的山頭。

七、後來瘟疫才分散到湖的四周，最後大多集中在卜吉社。

貳、邵族遷徙日月潭後之沿革

關於邵族的移動沿革，陳奇祿〈日月潭的邵族社會〉載報道人毛伊力依其記憶，作如下的一段敘述：⑯

> 我們的祖先原住在P'u-zi（漢音t'o-teng-a）的地方，後來搬到La-lu?（即光華島）珠仔山去。
>
> 那時日月潭水淺，珠仔山很大，所以珠仔山上除了房屋所佔的基地外，其四周還有些許田地。在那裏我們的祖先居住了約百年之久。
>
> 那時候，我們有一個很能幹的頭人，叫做pajta?bu?。pajta?bu?死後，其子makajtan繼為頭人。
>
> 其時因為清朝政府在珠仔山頂蓋了一個六角亭，把原來尖尖的珠仔山削平了頂，我們的「風水」（地理）被破壞了，族人死亡的很多，無法再在珠仔山繼續居住下去，於是纔搬到kankwan（在今之水門一帶）。

但是不久又四散遷徙，三十餘戶遷talingkwan（石印），三十餘戶遷wakrao（茅埔，今名五城），三十餘戶遷tafwale（頭社），十戶遷katafatu?（貓蘭），八戶遷punan（新興庄或稱sin-ng-tsng-a）。

遷徙後，talingkwan（石印），katafatu?（貓蘭）一帶由makajtan（姓袁sinawanan）所統轄，而wakrao（茅埔）和punan（新興庄?）一帶則另立palongkwan（姓石katafatu?）爲頭人。

其後，因各地族人死亡均多，所以相率遷回talingkwan（石印）；住在tafwale（頭社）的遷往大平林。Palongkwan率其部下來talingkwan是日據初期的事。這時候，我恰在talingkwau出世（誕生）。

同在這個時候，makajtan帶了數戶搬到raws（竹湖）去，palongpkwan便繼了makajtan的位，做了talingkwan的頭人。makajtan等在raws居住了約十年，因爲未得興旺，所以又回到talingkwan來。makajtan是在talingkwan死去的。

距今二十餘年前（日本昭和九年，一九三四年），日人興造日月潭水力發電工程。我們放棄了talingkwan，遷到現在的地方barawpaw（卜吉）來。barawpaw那時候是漢人的部落。……

那個時候，族人很多，所以居地很廣。袁姓的轄地最大，自日月潭直至埔里（karjawan）一帶都是。

魚池（pawan）方面是石松加一族的領地，貓蘭（katafatu?）方面是石臨一族的領地。毛姓領有wakrao一帶，而其勢力及於水里方面。

陳奇祿〈日月潭的邵族社會〉根據諸史記載資料，將邵族遷移到日月潭以後的沿革，重建如次：⑰

　　邵族居住於puzi，可能為康熙以前的事。康熙年間他們已移徙於光華島（即珠仔山）上。道光以前，他們便開始放棄了光華島，分散於日月潭周圍地區，在魚池（審鹿、沈鹿、沈祿……）、貓蘭、水社（包括水社kankwan，石印talingkwan，茅埔wakrao等地），頭社等地，形成聚落。

　　光緒年間由於漢人的侵入，居住在魚池的移居於其北三十里之新興庄，居住在貓蘭的移居於其北二十餘里之小茅埔，居住在水社的分散於大茅埔（水社北）、石印、竹湖等地，居住在頭社的移居於其南畔山下，而魚池、貓蘭、水社、頭社，均變為漢人的村落了。

　　日據初期，他們又有了一次大移動，新興庄、小茅埔、大茅埔、竹湖諸部落均被放棄而合併於石印；頭社的若干戶則搬徙至大平林。

　　二十餘年前（日本昭和九年，一九三四年），日人興建日月潭水力發電工程，他們被迫放棄石印，而遷住於卜吉（及剝骨）。卜吉其時原為漢人的聚落。這樣邵族在卜吉居住，到現在不過二十餘年而已。

〈日月潭化蕃由來記〉，《台灣日月潭史略明海大觀》，曾永坤：⑱

　　清康熙年間，嘉義下大埔，豬母勝社，有高山壯士二十四人，打獵於八通關及巒大山附近，一日見一白鹿，即驅犬尾追，人隨其後，向西北爬山越嶺，涉水過澗，竟至水社大山，其鹿蹤跡竟無矣，彷徨迫有三天始發現此湖，各大歡喜，觀看四面高山，中為大湖，湖中復起一山，四面無陸路，岸草蔓延，土地肥渥，頗適農作漁獵，其風景明媚，青嶂白波，雲水飛動，海外別一

洞天，各歸社後，向酋長說此湖可謂天與之樂土。當集
眾議，然後移一部分在於湖水周圍居住，但移住之年，
是十月間，戶數二十四戶，男女八十餘名，今之卜吉埔
出狩岬，土名「土崙尾」，是移居之住址，人口出丁，雜
穀豐收，漁獵多獲，群族聞知，各社林立，終保有六十
戶之戶數，人口總有四百名之多，可謂此地族人極其繁
盛之始，各繞嶼聚居，極其稠密，嶼無田，沿岸取竹木
結爲桴架，以水上藉草成土，以種禾稻，謂之浮田，康
熙二十三年，民國前二百二十七年，那時濁水溪沿岸的
地方由斗六到埔里社，族語通稱沙連，日月潭一片湖水
所以叫做水沙連，康熙六十一年，蕃俗小考，台灣總兵
慕僚藍鼎元，來遊日月潭，見風景優美，擬爲世外桃
源，雍正元年，民國前一八九年，設彰化縣治，雍正四
年，水沙連頭目骨宗以爲地方非常險要。不怕外邊攻
擊，竟潛山殺人，福建總督，高其倬傳檄台灣道。吳昌
祚和北路參將何勉等領兵討伐，十月兵到水沙連，兇黨
骨宗等二十餘人都被活捉，此後土民便和我們先民和平
相處，不曾再發生流血事件，土民既和漢人打成一片融
洽相處，自此漢人也漸漸移居住在湖畔建水裡社，稱湖
爲水裡湖，乾隆十二年彰化縣志說，水裡社潭，一名日
月潭，乾隆二十年台灣府志日月潭一名也在那時出現，
乾隆五十三年，民國前一百二十三年，水沙連社召集各
社頭目獻地歸化屬彰化縣，道光初年北路理蕃同知鄧傳
安說明日月潭一名的起源，他說水分丹碧二色故名日月
潭，遊水裡社記，有人說日月潭有兩個湖，一個形圓像
太陽，一個形長像月亮，故有此名，又西洋人叫做爲龍
湖，彰化縣志載稱堪輿家以此潭爲陰龍，光緒元年吳光

亮總鎮開中路到鳳凰山，觀看鳳凰兩眼照見日月潭水社海中，說此鳳是雌的，水社海龍是雄的，有龍鳳照角交會的氣脈，觀之此潭有陰陽龍，光緒三年吳光亮開鑿道路，除了白茄苳樹，完成了後，命黃天肥建設義塾振興民蕃之教育，同年十月總帶綏靖左營設置，將帥丁如霖，珠仔山之頭頂，六角亭建設，綏靖左營（今之警官派出所），前同治八年二月，黃天肥往嘉南茅港尾買得蓮種遍植，輪龍，及水社，其三年後，卜吉，月潭，沙巴崙移植繁盛，當時黃天肥四戶男女十四人居住輪龍及水社，其翌年黃達理外六戶老幼三十人居住卜吉.化蕃十八戶珠仔嶼居住，潭上之人家即向山，沙巴蘭、卜吉、石印、北旦，戶數二百餘戶，人口一千五百餘人，光緒十二年丙戌七月割嘉彰兩屬，林圯埔設雲林縣，日月潭隸雲林縣治，「今竹山鎮」，因化蕃總頭目石松咬味亡故，其子石農觀，授中路分府給水沙連六社通事印，水社總理，黃達理持齋信佛，惟該潭位居漢原交接中間，為使連絡山地同胞與平地同胞加深情感，並融匯文化起見，發起在潭畔建設一所西天佛堂，漢原同化歸信佛教，敬奉南海觀音，購田數畝為香資，黃達理無子，高山族送黃宇純為其子，後恐西天佛堂無人奉佛，即併合與金天堂，離潭一里路，民國二年，黃達理死亡，民國五年水電事業欲建設，全島嶼派水，珠仔山周圍十三町，高七十尺，北汀前有老樟樹，高九十六尺，周圍十四尺三寸，有六百年之齡，老樟空洞內有住白蛇二尾，長一丈二尺餘，土民呼之神蛇，同年秋泅過土名土崙尾方面而去，民國十一年三月起六月間止，日月潭之周圍水面七十尺迄之地，樟樹千餘株，台灣製腦會社伐採，

水深八十尺，計畫實行，老樟樹自此竟故，鳳庵此樹詠詩曰：「老樟千尺欲朝天，陰蔽珠山綠蔚然；閱盡桑滄逢聖世，恩光初見太平年。」

民國三十五年十月總統蔣公暨夫人蒞臨視察日月潭，與毛信孝同照一玉片，俗呼毛王爺，大公主毛阿金，二公主毛阿秀，三公主毛玉琴，現在化蕃稱毛信孝為酋長，迄今已易酋長十次，歷時二百八十年上下，元化蕃社卜吉埔及初狩岬，「土名吐崙尾」居住，道光二十二年化蕃之十八戶，珠仔嶼移住，後移石印居住，日月潭電力著手當時，漢人移轉平洋耕種，化蕃是在六十尺水底，水漲即移轉東方湖畔卜吉，現在地址居住，全部高山族，無濫插外人，現今戶數三十至四十，男人一百餘名，女人一百餘名也。

〈日月潭沿革概史略〉，《台灣日月潭史略明海大觀》，曾永坤，茲錄之如下：⑲

日月潭原名水沙連嶼，俗稱水社海，稱其嶼曰珠仔山，前清康熙年間，寓賢藍鹿洲，紀其跡，擬之挑源蓬瀛，言嶼在深潭之中，潭廣八九里，環可三十六里，海拔七百四十公尺，邵人繞嶼以居，極稠密，獨虛其中，為山頭如人露頂，然頂寬平，甚可愛詢其虛中之故，老人言自昔禁忌，相傳山頂為屋，則社有火災，是以不敢居，嶼無田，岸多蔓草，人取竹木，結為桴架以水上，藉草承土，遂種禾稻，謂之浮田，水深魚肥，且繁多，人不用罾罟，駕蟒甲，挾弓矢射之，蟒甲蕃舟名，剖獨木為之划雙槳以濟，大者可容十餘人，小者三五人，環嶼皆水，無陸路，出入胥用蟒甲，外人欲詣其社必舉草火，以煙起為號，則邵人刺蟒甲以迎，不然不能至也，

但邵人驚悍，服教未深，來遊者，必挾軍士以偕，騷人韻士，或阻遊興。

雍正元年，設彰化縣治，誌乘收為八勝之一，曰珠潭浮嶼，咸豐年間，居民漸集，通事黃漢生，富豪張天球，出資招佃，開墾里社等處。漢原雜處，內山舊蕃時為害，迨埔里社設官府，遂築埔里社城，督造城工官李時英，駐軍營在日月潭水社，由集集至埔里社間，開闢道路，以便行人，途中險要處，設隘寮，募隘丁駐守，建隘樓行李出入樓上繫柝，則兇人不敢出草，立義塾延教師，以政蕃童，每官臨塾中，課其成績佳者賞之，於是舊蕃化為熟蕃，與居民耕田，食力無異。

有營官丁姓，建亭於珠仔山頂，額曰小蓬萊，以時遊宴其中，造二小艇，泛潭中，良晨月夜，極遊觀之樂，或樹標命邵人駕舟競渡，先登者賞以酒，潭畔淺處，遍植荷花，夏時花開，風景尤佳，購魚苗放飼潭中，如鰱魚草魚鯉魚之類，時有日月潭八勝之稱。

光緒十二年，割嘉彰兩屬，林圯埔設雲林縣，日月潭隸雲林縣治，邑主陳世烈，搜邑中八景，日月潭其一，曰珠潭映日，日月潭之名勝，自二百八十年上下喧傳於世，其間名賢流寓，故實勝蹟，民國十八年，日月潭電力與工，二十三年工事告竣，而林間學校完成，現出日月潭自然十八勝景之稱，即曰：潭中浮嶼、潭口九曲、萬點漁火、山山拱秀、蕃家杵聲、荷葉疊錢、獨木蕃舟、水社朝霧、青龍戲珠、落海蛟龍、涵碧夜光、水塔飛輪、蕃女舞歌、蠻娘躍渡、蜈蚣吐鬚、蛤仔瀐溺、水蛇望蛤、登梯上天是也。

民國四十二年，佛教會林永坤，發起向山林管理所

申請，在日月潭畔青龍山，籌建明海寺並造三藏寶塔，
（四四）林政字第三二八七二號令核准先行動工興建三藏
寶塔，一日成初，定見繁盛，如明海實蹟，實難枚舉，
姑就耳目所及，略紀共概，其不及載者多矣。

參、日月潭山水拱秀

日月潭為台灣省中心山脈，俗傳為蓬萊島，後主山是玉山，
前是鳳凰山，中有水社海，日月圍環珠仔山，四周大山，山外溪
流包絡，自山口入為潭，此潭年齡一萬五千餘年之老齡，潭面起
至水社大山上頂，高四千八百二十尺，海拔二千四百尺，左有青
龍山，「土名蜈蚣拑」，一千五百七十七尺之日山「土名卜吉
山」，七百五十六尺之叢雲山「土名益積山」，山容秀麗之月山
「土名潭頭山」，涵天山「土名筒籐山」，御船山「土名大船路
山」，輪龍山、向山、鳳閣山、大灣山、小連嶺櫻仔岡「土名貓蘭
崎」，松崎「土名松柏崙」東方大尖山，突出岬乙女崎「土名蜈蚣
腳山」，突出岬初狩崎水蛇山「土名吐崙尾」突出一島辰之口「土
名水蛤仔山」，矢竹浦「土名竹湖」，落水口「土名落海蛟龍」，突
出浦和「土名避風仔」，突角二見崎「土名銃櫃嶺」，潭中玉島，
「土名珠仔嶼」，月潭斜盡日潭出，泛宅浮家仙所寰，不管人間榮
辱事，悠悠天地是湖山，相助壯風致，雲煙朝夕封，去來濃復
淡，山水秀靈鍾，古人云，瀲灩波光分兩色，一邊紅紫一遍藍。
詩曰：「山中有水水中山，山自凌空水自閒；誰劃坡璃分色界，
倒垂金碧浸煙鬟。蓬萊可許乘風到，艨舺知為舉火還；別有洞天
開海外，光明媚秀拱人寰」。⑳

肆、邵族遷徙大平林

白宏如君撰〈頭社邵族的遷徙與農作情形〉，對於頭社邵族人

當初遷居水里大平林定居有非常詳實的調查紀錄，茲載如下：㉑

　　當時並不是一次就全部遷過來，是用「調做」的方式，調做就是家還在頭社，只是人到這裡來先搭個工寮，開墾幾天以後又回去，再來做幾天之後又回去，等過一些日子才把家遷過來，有些人先搬來，有些比較慢，經過幾年的時間，才全部遷完，頭社就沒有族人居住了。

　　剛來的時候都集中在現在下庄仔那裏，後來大部份又遷到上庄仔來，然後又慢慢的各人住到自己的園子裏，或是遷回「北窟」，或是外地，現在就剩不多了。

　　剛來的時候，蓋一間房子只要一天就完成，男的到樹林去取烏心石的心材來做柱子，砍竹子作橫樑，橫桿，抽藤來綁，婦女則有些到菅草林抽取菅莖（指五節芒的莖）作爲編壁用，有些去茅草埔割茅草來蓋屋頂。

　　到了晚上房子就建好了，因爲那時的房子很簡單，都只是一間房間，一間煮飯吃飯以及人來時坐的，差不多都只二間。

　　當天晚上，大家就在新房子歡宴飲酒作樂，主人把一大鍋筍湯或是芥菜湯放在中間，大家圍坐地上，再按工作內容的不同分給不等的肉，大家就一邊喝酒，一邊唱歌。

　　剛蓋的房子還沒有抹壁，過一段時間後才抹壁，抹壁也是大家一起來，也是一天就完成，主人在晚上又宴請大家，感謝大家的幫忙，於是又飲酒唱歌。

　　至於開荒、墾地，耕種方面，在剛到大平林時主要以種植旱稻爲主，旱稻有三種，一種稱做「林謀」（閩南語音），是最好吃的一種，一種稱做「山豬怨」，這種稻子的稻穗上有長長的芒，約四、五公分，山豬不愛吃，

所以叫山豬怨，還有一種「大頭埔」，殼是白色的，穀粒較大，林謀是紅殼的，穀粒較小，但是最為好吃，這些早稻都種在新開墾的坡地，後來因坡地貧瘠，又沒有肥料可以施肥，收成漸差，所以就沒人種了，連「種」都不知道那裡才有，那種稻實在好吃，早先，那些稻種是從「銃櫃」取來的，那時銃櫃的漢人就有種植早稻了。

大平林這個地方也種過甘庶，賣給會社製糖，也種過香茅草煉香茅油，最好的算是民國五、六十年間的香蕉，其他零零星星的也種過其他雜糧，果樹，如茶葉、金針、橘子、地瓜等，但對經濟都沒有改善，甚至仍不得溫飽。

在日據末期有開墾一些田來種水稻，因那時配給的米糧不夠吃，必須自己想辦法，不過只是「單冬田」。

現在，檳榔是大家種植的作物，因為現在鄉下缺乏勞工，年輕人都不願留下來耕作，種植檳榔只須少許的人力，又有價錢，所以杉木林、竹子林、香蕉園、田等都種滿了檳榔樹，檳榔的確改善了大平林族人的生活。

本則敘述頭社邵族人遷居水里大平林定居的情形，要述如下：

一、頭社邵族人遷徙水里大平林是漸進的是用「調做」的方式，即家還在頭社，而人到水里大平林先搭個工寮，開墾幾天以後又回去，再來做幾天之後又回去，等過一些日子才把家遷徙過來。

二、頭社邵族人陸續遷徙水里大平林，不是一次遷來，有些人先搬來，有些比較慢，經過幾年的時間，才全部遷完。

三、頭社邵族人最初遷徙到水里大平林的下庄仔，後來大部

份又遷到上庄仔來，然後又慢慢的各人住到自己的園子
裏，或是遷回「北窟」，或是外地。

四、頭社邵族人最初遷徙到水里，男女族人分工採集築屋材
料，合力一天之內即完成一間住屋。

五、建築住屋完成，是夜大家就在新房子歡宴飲酒作樂，主
人把一大鍋筍湯或是芥菜湯放在中間，大家圍坐地上一
邊喝酒，一邊唱歌。

六、邵族人族人互助建築住屋，無須發給工錢，但是會按工
作內容的不同分給不等的肉，皆大歡喜。

七、頭社邵族人初遷水里，以種植旱稻為主，旱稻有三種，
一種稱做「林謀」（閩南語音），是最好吃的一種，一種
稱做「山豬怨」，這種稻子的稻穗上有長長的芒，約四、
五公分，山豬不愛吃，所以叫山豬怨，還有一種「大頭
埔」，殼是白色的，穀粒較大。這些稻種是從「銃櫃」取
來的，那時銃櫃的漢人就有種植旱稻了。

八、日據末期有開墾一些田來種水稻，因那時配給的米糧不
夠吃，必須自己想辦法，不過只是「單冬田」。

九、此後大平林也種過甘庶賣給會社製糖，也種過香茅草煉
香茅油，民國五、六十年間種香蕉，也種過其他雜糧、
果樹、茶葉、金針、橘子、地瓜、檳榔等。

　　按邵族人築修或拆除建築物也有一些宗教儀式，巫師必須主
持築修或拆除建築物的儀式，不論是一般住房或畜舍，凡是建
築、換修、拆除都不厭其煩地舉行祭祖儀式。

　　拆房以前要行「祭屋」，如果地基是新的，還要先舉行「造屋
前祭」，準備酒、肉等，請巫師來主持儀式。

　　邵族人築屋到新屋上樑時，再舉行第二次祭儀，祭祀祖靈。
建屋落成後遷入房屋前，又舉行最為隆重和盛大的祭儀，這時的

供品就更為豐富，有酒、豬頭、豬毛、豬蹄等，整整齊齊地排成一列，供奉於祖靈前面，由巫師唸祈告詞，求祖靈保佑這屋子裡的主人全家平安，添生男丁，吉祥如意。

伍、邵族遷徙傳說故事與實際

綜觀以上邵族的傳說故事，其來源不外：

一、阿里山。

二、台南府城。

三、嘉義大埔豬母朥社。

邵族祖先「來自阿里山」之說，日月潭的邵族曾興致勃勃的二次組團前往阿里山認祖歸宗，但是在深入接觸之後，發現邵族人的語言、歌謠曲式、宗教儀式、生命儀禮等，都和世居阿里山的鄒族有截然不同的差異，兩者在文化的差距實在是大相逕庭，絲毫沒有一點交集，邵族人失望而歸。

至於邵族「來自台南府城」的說法，則缺乏佐證，不過若有相當的比對資料如語言質素、生活習俗、祭儀、曲調歌詞等等，或許邵族和早期西部台南平原的原住民平埔族有相當程度的關聯也未可知。

以上邵族人「來自阿里山」、「來自台南府城」、「來自嘉義大埔豬母朥社」之說，都沒有直接的證據，但是事實的真相如何呢？還有待繼續發掘。

一般而言，邵族語言受到許多外來文化的影響，邵語的使用並不普遍，但邵族人迄今尚保有完整的文化特質，諸如祖靈信仰、公媽籃崇拜、先生媽的職責與傳承、部落組織、部落會議等，每年的歲時祭儀如播種祭、豐年祭、狩獵祭等，皆依時序按傳統儀式舉行。

相傳邵族祖先是從阿里山追逐一隻白鹿，發現了日月潭，即

舉族遷往居住。因此早期學者分類原住民族群，便將邵族與世居阿里山的鄒族列為同一支族群。

後來經學者繼續研究與探討，發現邵族的語言、歌謠曲式、宗教儀式、生命禮儀，都與鄒族有截然不同的差異。

日月潭的邵族人亦曾經前往阿里山與鄒族探究，但在深入接觸後，發覺兩者在民族文化的差異上甚大，是應該有重新定位的需要。

陸、邵族之獨立

民國九十年（西元二〇〇一年）八月八日，行政院正式認定邵族為台灣原住民的第十族，這個曾經爭論很久的問題，終於塵埃落定。邵族因為人口少，加上傳說祖先來自於阿里山，所以在日治時期就把他們歸屬於鄒族，光復之後，內政部依據台灣省文獻會對原住民歷史、文化、血統的調查研究，依然依襲日治時期的規劃把台灣原住民定位在九族，而邵族雖然有原住民身分，但歸屬性引起廣泛的討論，多年來經過邵族人的爭取及許多專家學者的學術分析，加上鄒族的樂觀其成，而有了現在的結論。邵族目前可說是世界上最袖珍的原住民族。㉒

【註釋】

①潘英《台灣原住民的歷史源流》，台北，台原出版社，1998.10。

②洪英聖《台灣先住民腳印》，台北，時報文化出版企業有限公司，1994.3.三刷。

③同②

④洪英聖〈南投縣原住民史料概況〉，載於《南投研究：縣史館籌備處開幕特刊》。

⑤同②

⑥浦忠成《台灣原住民的口傳文學》，台北，常民文化，1996.5。

⑦鄧相揚《邵族華采》，南投縣風景區管理所，1999.6。亦見鄧相揚、許木柱《台灣原住民史邵族史篇》

⑧洼旦·蘇密〈名正則言順〉，南島時報，1999.2.25。

⑨鄧木卿〈日月潭邵族的樸素傳說和歷史〉，中國時報，1996.9.20。

⑩鄧相揚〈逐鹿傳奇〉，《水沙連漫步》第六期，1996.10.25。

⑪高淵源《台灣高山族》，台北，香草山出版有限公司，1977。

⑫同②

⑬《台灣省通志》卷八〈同胄志·邵族、平埔族篇〉第九冊，台灣省文獻委員會，1972.12。

⑭同⑬

⑮台灣空中文化藝術學苑《美麗福爾摩沙》第十九期，2002.8。

⑯陳奇祿〈日月潭的邵族社會〉，載於《日月潭邵族報告》。

⑰同⑯

⑱曾永坤《台灣日月潭史略明海大觀》，南投竹山，覺生月刊社，1956.11。

⑲同⑱

⑳同⑱

㉑白宏如〈頭社遷徙與農作情形〉南投縣鄉土大系叢書之六《南投住民》。

㉒同⑮

第二章

邵族拉魯島與茄苳樹口傳文學

壹、拉魯島與茄苳樹傳說故事

潭中浮嶼，原名水沙連嶼，俗稱水社海珠仔山，其地四面高山，中為大湖，湖中復起一山，浮在海中，非舟莫即，環嶼皆水無陸路，雍正元年設彰化縣治，誌乘收為八勝之一曰珠潭浮嶼，咸豐年間有李時英駐軍水社，總帶綏靖營官丁如霖，光緒三年十月建亭於珠仔山頂，額曰小蓬萊，時有日月潭八勝之稱，即日潭中浮嶼，光緒十二年割嘉彰兩屬，林圯埔設雲林縣「現竹山鎮」日月潭隸屬雲林縣治，邑主陳世烈，搜邑中八景，日月潭其一曰珠潭映日，民國四年十一月十日紀念植樹，相思樹二百株，櫻樹千五百株，松樹數十枝，此珠仔山形象似珠仔，周圍十三町，高七十尺，北汀有一株老樟，高九十六尺，周圍十四尺三寸，約經六百年，老樟有空洞，內有白蛇二尾，長一丈二尺餘，土民呼之神蛇，民國五年秋泅過土崙尾方面而去，民國十八年日月潭電力大興工稱曰玉島，民國三十五年稱曰光華島也，日月潭中獨木舟，一甄村酒足清遊，白雲深鎖人何處，珠仔山邊蕃曲幽，從風不慮險，潭上幾徘徊，昨泊東南岸，今漂西北限。詩曰：「珠潭玉島稱奇蹤，一嶼孤浮四面空；但覺水環山以外，居然山在水之中。色分丹碧東西異，象判陰陽日月同；重疊媚川靈脈秀，真如合璧興無窮」。①

山中有水，水中有山，是日月潭風景的最大特色。水中有山即指珠仔山，亦即拉魯島，另有個較為文言的雅名「珠嶼」。

拉魯島名「珠仔嶼」或「珠子山」，「珠」名的由來，據學者黃炫星說，係因前後山島形狀，既外顯突圓又內封濃蔭，遠眺酷似一座浮起的圓珠，才以「珠」名。

還有一種說法，說潭東沙巴蘭山，九五四公尺，今山頂建有慈恩塔的稜角青龍山、跟向山的岬角崙，恰好把拉魯島銜在相對位置的中央，有如「雙龍戲珠」、「二龍奪珠」的形勢，所以便稱為「珠仔嶼」。

　　青龍戲珠，左爪有珠山，右爪有石印，前石印邵人居住在青龍山嶺下，極其出丁旺盛，前面鳳凰雙個銀眼照看水社海中，似如龍鳳交會，舞爪戲水，弄珠舞爪，行雪作霧，吹鱗掉尾，拋珠現爪，左有月潭環圍，右有日潭包住，龍氣巍巍入碧空，削成疑是藉神工，中原有客重洋渡，遙指奇峰屹海東。詩曰：「直滾飄然到海蹤，波濤萬里入珠峰；行雲作霧騰飛電，戲水拋珠現爪龍。雲立吹鱗搖細柳，露垂掉尾拂長松；山中日出煙浮樹，雨後風清月照容」。②

　　因此，無論行政區域如何重劃，在選定八景（或六景）時，都不會遺漏了日月潭，當然景觀名稱也都繞著珠仔山打轉。像在諸羅六景時，稱為「水沙浮嶼」；彰化八景時，稱為「珠潭浮嶼」；雲林八景時，又改稱「珠潭映日」。日治時期，珠仔山搖身一變，改了日式的名字，叫「玉島」，又作「中之島」。二次世界大戰後，取「日月光華」之義，將珠仔山命名「光華島」。③如今「光華島」已經改回邵族人具有神聖意義之原來名稱「拉魯島」。

　　邵族的聖島「拉魯島」，這個「潭中浮嶼」小土丘的拉魯島，小歸小，卻遺留著各種政治勢力入侵的刻痕。

　　拉魯島潭底下淹沒的曾經是邵族的家鄉，日據時代，為了興建水壩，邵族人被迫遷村，從潭底來到今日的德化社。

　　「拉魯島」位於日月潭的中心，海拔約七四五至七五○公尺，原是邵族人虔誠信仰祖靈神聖的一座聖山，邵族人的先生媽，也就是女巫，擇定人選時，必須在黃道吉日到拉魯島請示祖靈，得到祖靈的同意，女巫才能得到資格，日後才能負起頌念咒語、主持部落祭典的重責大任。④

　　邵族人視拉魯島為聖山，至今仍然保持著流傳的禁忌，如每年只有選出「先生媽」（女巫）時才可以到拉魯島去，這是族人的傳統禁忌與儀式。

山中有水，水中有山的邵族聖山「拉魯島」有許多傳說：

傳說，遠古時代邵族的祖先，從阿里山追逐一隻白鹿，一直追到河邊，白鹿突然消失了；而在白鹿消失的地方，長出了一株茄苳樹，後來邵族人定居後，茄苳樹茂密的的葉子，就象徵著族人的人口數。

邵族祖先追逐白鹿至日月潭，看見河流裡有許多未曾見過的許多魚群，也有許多動物。族人們便在長老者的帶領下，從此在這塊土地上落腳生根起來，這就是位於日月潭的拉魯島Lalu。

本則傳說故事情節要述如下：

一、 邵族祖先從阿里山追逐一隻白鹿追到河邊，而在白鹿消失的地方，長出了一株茄苳樹。

二、 邵族祖先定居在拉魯島，因為這裡有許多魚群也有許多動物。

三、 茄苳樹成了邵族人的信仰神樹，而茄苳樹茂密的的葉子象徵著族人的人口數。

在日月潭土亭方向，潭底水位還沒有上升的時候，有一棵巨大須數十人才能合抱的白茄苳樹，它是邵族的守護神樹。保佑著族人四季豐收，人丁旺盛，族運強盛。

本則傳說故事謂土亭裡曾有邵族的守護神樹白茄苳樹，是四季豐收、人丁旺盛、族運強盛的象徵。

相傳珠子嶼原來有一顆碩大的茄苳樹，其枝葉根莖的繁茂與否代表著邵族人的興衰，如今茄苳樹已經沉沒在湛藍的潭水裡，有謂被漢人砍倒了，祖靈似乎也就不再祝福邵族人了！

本則傳說故事情節要述如下：

一、珠子嶼茄苳樹，其枝葉根莖的繁茂象徵著邵族人的興
　　衰。

二、珠子嶼的茄苳樹如今已經沉沒在潭水裡，或說是被漢人
　　砍倒了。

三、邵族人沒有了精神信仰的神樹茄苳樹之後，邵族的祖靈
　　就不再祝福邵族人了。

　　傳說邵族人因爲有神樹茄苳樹的庇祐，常常遠征奇
襲異族部落，許多異族原住民部落歸服於邵族。

　　此事傳到大陸唐山，朝廷於是派遣一位勘輿師來台
勘察，證實茄苳樹具有靈性及神力，心想若不除去，終
有一日台灣會被邵族人征服統治，甚且大陸皇帝的江山
也不保。

　　勘輿師獲土地神指示後，破解了神樹的靈力，鋸倒
茄苳樹，自此傷到了邵族的靈氣，從此邵族一蹶不振。

　　本則故事暗喻了漢族不斷侵墾佔領邵族領土，邵族失去了原
有的領土，從此一蹶不振。

　　本則傳說故事情節要述如下：

一、邵族人因爲有神樹茄苳樹的庇祐，常遠征奇襲異族部落
　　使其歸服於邵族。

二、大陸朝廷得知邵族有茄苳神樹庇祐，恐終有一日台灣會
　　被邵族人征服統治，甚且大陸皇帝的江山也不保。

三、朝廷派遣一位勘輿師來台勘察，證實邵族的茄苳樹神具
　　有靈性及神力。

四、勘輿師鋸倒了邵族的茄苳樹神，破解了神樹的靈力。

五、邵族的茄苳樹神被鋸倒之後，傷到了邵族的靈氣，從此
　　邵族族運一蹶不振。

〈白茄苳樹王〉,《台灣原住民史邵族史篇》,鄧相揚、許木柱：⑤

　　邵族的祖先逐鹿到日月潭後,決定從此定居日月潭,當時的Lalu（珠仔山、珠嶼,今光華島）水邊有一株奇大無比、茂盛翁鬱的白茄苳樹,邵族的祖先們在茄苳樹下立誓：願意子孫世世代代長居於此,祝願族勢如茄苳樹的嫩葉,年年更新萌芽,茄苳樹每滋萌一片新葉,即代表族中又增一壯丁,邵族永遠如茄苳樹一樣茁壯長青。

　　此後邵族確實在日月潭週遭的水沙連地區闖盪出一片天地,可是好景不常,漢人覬覦日月潭附近的沃腴,漸漸入侵水沙連,終於爆發了激烈的戰鬥。

　　邵族人在白茄苳樹王的庇祐下所向無敵,戰無不勝,把侵入的漢人打得焦頭爛額。

　　漢人首領在無計可施的窘境下,探聽到茄苳樹王的靈驗,於是派人暗中破壞茄苳樹。先是用斧頭將樹砍斷,但是無論砍得多厲害多嚴重,第二天茄苳樹王仍然完好,復原如初。

　　後來漢人首領在夢中有人指點,若要弄死茄苳樹只有請出「撩牙精」。漢人起先百思不得其解,後來才恍然大悟,原來所謂「撩牙精」就是鋸子,於是連忙派人使用鋸子鋸倒了茄苳樹,又惟恐茄苳樹王迅速復原,再用長銅釘釘住茄苳樹根,潑上黑狗血後,以大銅蓋蓋住主幹的樹莖。

　　茄苳樹王被徹底毀壞後,邵族的族勢開始衰頹走下坡,接著又連續好幾年流行大瘟疫,邵族人丁損失慘重,傷心及驚恐之餘只得放棄了Lalu,分散到週遭各地謀求生路,從此,邵族就不再是水沙連內山的霸主了。

本則傳說故事情節要述如下：

一、邵族祖先逐鹿到日月潭後定居於此地。

二、拉魯島有一株白茄苳樹，邵族的祖先以此為信仰神樹。

三、邵族的祖先們在茄苳樹下立誓：願意子孫世世代代長居於日月潭畔。

四、邵族的祖先祝願族勢如茄苳樹的嫩葉，年年更新萌芽，茄苳樹每滋萌一片新葉，即代表族中又增一壯丁，邵族永遠如茄苳樹一樣茁壯長青。

五、漢人覬覦日月潭沃腴，漸漸入侵水沙連，邵族在茄苳神樹庇祐下，戰無不克。

六、漢人獲知邵族人的茄苳樹王非常靈驗，保佑著邵族人。

七、漢人首領派人暗中破壞邵族人的茄苳樹王。

八、漢人用斧頭將邵族人的茄苳樹王砍斷，但是無論砍得多屬害多嚴重，第二天茄苳樹王仍然完好，復原如初。

九、漢人首領夢中獲得啟發要砍斷邵族人的茄苳樹王必須用「撩牙精」即鋸子。

十、漢人用鋸子鋸倒了茄苳樹，又惟恐茄苳樹王迅速復原，再用長銅釘釘住茄苳樹根，潑上黑狗血後，以大銅蓋蓋住主幹的樹莖。

十一、邵族的神樹茄苳樹王被漢人砍倒後，果然邵族的族勢開始衰頹走下坡，接著又連續好幾年流行大瘟疫，邵族人丁損失慘重。

十二、最後邵族人放棄了拉魯島，分散到周遭各地謀求生路，從此，邵族就不再是水沙連內山的霸主了。

〈流血的茄苳神木〉，《台灣先住民腳印》，洪英聖：⑥

　　平地人來到日月潭，趁邵族人白天上山種粟和打獵的時候，偷偷跑來砍伐這棵邵族的「生命之樹」茄苳神木。

邵族的傳說，平地人利用白天連續偷砍了十五天，每天晚上神木就自然把被砍的部位長出新的樹皮，使平地人束手無措。

後來平地人又拜拜，並睡在茄苳樹下，結果做了一個夢，指引平地人說，如果要砍倒這棵樹，必須用鋸子鋸樹幹，使它的樹幹變成「粉末」隨風飄走，再塗上烏狗血，這棵樹就沒辦法「再生」了。

平地人醒過來，依照夢中的辦法鋸，果然一天的功夫就把巨大的茄苳樹鋸倒。

接著發生可怕的事情，茄苳樹倒下，樹幹掉落在湖畔，樹幹流出鮮血一般的樹脂，把日月潭當時的七、八甲寬的大河染成血紅色，當時日月潭沒有水庫，只有日形和月形的湖泊形河川。

頭目袁福田說，茄苳樹的「血」連續流了五天五夜，「日月河」才逐漸恢復清澈的原貌。

平地人知道邵族相信茄苳樹每長一葉就會多一個邵族人，他們砍倒茄苳大樹之後，平地人為了防止茄苳樹葉「春風吹又生」，於是在鋸斷的樹幹部位，用「狗血」塗滿樹幹，施魔法，再用大銅鑼把它蓋住，使葉子長不出來，永絕茄苳樹的生機。

本則傳說故事情要述如下：

一、漢人趁邵族人白天上山種粟和打獵的時候，偷偷跑來砍伐這棵邵族的「生命之樹」茄苳神木。

二、漢人利用白天連續偷砍了邵族神樹茄苳神木十五天，但是每天晚上神木被砍的部位即長出新的樹皮，所以根本無法砍斷。

三、漢人祭祀神明獲得夢引謂要砍倒邵族的神樹，必須用鋸

子鋸樹幹，使它的樹幹變成「粉末」隨風飄走，再塗上
烏狗血，此神樹就無法「再生」了。

四、漢人把邵族人的神樹茄苳樹砍倒後，樹幹掉落在湖畔，
　　樹幹流出鮮血一般的樹脂，連續流了五天五夜，把日月
　　潭當時的七、八甲寬的大河染成血紅色。

五、漢人知道茄苳樹每長一葉就會多一個邵族人，為防止茄
　　苳樹葉「春風吹又生」，於是在鋸斷的樹幹部位，用「狗
　　血」塗滿樹幹，施魔法，再用大銅鑼把它蓋住，使葉子
　　長不出來，永絕茄苳樹的生機。

　　日月潭畔邵族相傳拉魯島上曾有一棵茄苳樹，是邵族的血脈
所在，但漢族入侵後砍下這棵樹，從此邵族開始衰微，至今只剩
二百多人。

　　邵族此類漢族破壞原住民風水的傳說，洪英聖《台灣先住民
腳印》尚有〈飛箭射到皇帝的桌子〉載：[7]

　　　　袁福田引述祖父袁阿送頭目的話說，祖先由於擅長
　　製造精良的弓箭，傳說祖先有一次朝向天空試射弓箭，
　　不料射得太遠，箭飛到大陸，插在皇帝的桌子上。

　　　　清朝皇帝嚇一跳，皇帝一看，認出是台灣製造的弓
　　箭，於是丟令箭，下令派人到台灣去「找找看」，到底是
　　哪一族的弓箭那麼厲害，能夠射到皇帝的桌上。

　　　　由於河洛漢語「找找看」叫做「覓覓」，發音為（Bai
　　Bai），接到令箭的人聽錯了，聽成到台灣去「敗敗」。

　　　　平地人走到哪裡，多把台灣的地理風水「敗」掉，
　　幾乎把山地人都「敗」得快要死光了。

　　本傳說是一則可愛的故事，由於邵族人擅長製造精良的弓
箭，因此有一次有一位祖先朝向天空試射弓箭，沒想到射得太
遠，箭飛到大陸插在皇帝的桌子上。皇帝遂令人到台灣找一找到

底是哪一族人的弓箭，不過使者卻把河洛漢語「覓覓」，發音爲（Bai Bai），聽成「敗敗」，因此其台灣所到之處，多把地理風水「敗」掉，幾乎把山地人都「敗」得快要死光了。

范純甫《原住民風情（下）》亦載有關邵族神樹茄苳樹的傳說故事：⑧

> 相傳清康熙三十年間，日月潭水邊一夜長出圍二丈、高三十餘丈的茄苳王，大家稱它爲神樹。
>
> 到了道光年間，有個原住民婦女從樹邊走過，生下了一個男孩，後來，男孩長大成了頭人。
>
> 有一回，頭人和大家在日月潭遊玩，水中突然冒出一個長十六丈，圍十二丈的石印，上邊有二棵果樹，石印四周長滿綠苔，彎彎曲曲的就像印紋。
>
> 後來，這個地方就變成了石印島、石印社。這棵神樹一直保佑著這一帶人民安居樂業、生子添丁，五穀豐登，富裕快樂。

本則故事強調一位婦女經過茄苳樹邊，就生下男孩，後來成了頭人，茄苳樹也一直保佑著本地居民，安居樂業、生子添丁、五穀豐登與富裕快樂；本故事也兼述了石印島、石印社的故事。

〈茄苳王的故事〉，《台灣高山族》，高淵源，茲錄如下：⑨

> 據相傳，康熙三十年間，在日月潭東北邊水中，一夕間長出了一棵高大的白茄苳樹，周圍二丈，樹根蟠繞水底十二尺深，樹梢三百尺，高聳挺拔，刀斧皆不能傷，群族各社無不敬畏而仰之爲神木。
>
> 道光年間，擬神木投胎蕃婦而生下了一個男孩。此子小時形體拔群，及長，身高竟有九尺之長。他不但孔武有力，而且聰明非凡，賴顏多鬚，壯貌魁偉，被眾蕃推爲首長，號曰「松咬咪」。

有一天，他邀集各社頭目，乘蜯甲舟遊覽日月潭勝景。看見蜈蚣崙有吐鬚落海之勢，珠仔山有蹲足濺溺之力，水蛇山有過海望蛤之形，頗有青龍吐珠，張牙舞爪，弄珠戲水的奇景。忽見龍頭角邊，水中現出一個石印，長四十八尺，周圍十二丈餘，上生二株文頭果樹，石印四面生滿綠草青苔，形狀頗似印章。傍邊一個小石螺印，「松咬味」拾回刻字，「晉源」爲號。

自此以「石」爲姓而自稱「石松咬味」，並稱其居住地爲石印島，石印社。再遊潭東北方，見一株白茄苳樹，極爲青翠茂盛，傍生一株白肉籐，環在茄苳樹頂，其狀至奇。

眾人以爲水中生出此樹，定是神樹，無不感到敬畏，於是眾蕃面對神樹肅立致敬，然後在樹下飲酒歌舞，直至天明才四散回家。

自此，每年八月初三起至十五日夜，群族必會集神木前致敬，然後飲酒作樂。同時群族生子出丁，五穀豐收，年年過著富裕安樂的生活。

當時，霧社與萬岱社人時常出草爲害，埔里與水社一帶漢原雜居，因此水社被霧社取一個首級前去。

「石松咬味」酋長遂集合各社頭目，商議報仇之事。會議後命各社積極訓練射箭技能，訓練完之後，在白茄苳樹前掛置一牌，牌分紅白黑三等之別，約定連中紅心三次者爲主帥，較技的結果只有「石松咬味」連中紅心三次。

於是共推「石松咬味」爲主帥，帶領群蕃遠征霧社。到了霧社，「石松咬味」大叫還我們水社蕃頭，否則殺進社內殺得霧社蕃寸草不留。

霧社不但不答應，反而勇猛接戰，雙方奮戰不分勝負。正在酣戰難分的時候，萬岱社頭目出面講和，請雙方各派十名頭目，赴萬岱社議和。

正在雙方代表合飲和解酒，喝的半酣半醉的時候，忽見一隻歹鳥飛來，連鳴數聲，水社頭目個個頭昏目眩，竟中了詭計。被霧社蕃殺死了數名，餘者逃走。

逃到萬岱社前面大路時，見一株古樹，內中空殼可容人，「石松咬味」攀上觀看，見一隻歹鳥在樹殼內鳴叫，遂發弓射箭，歹鳥中箭墮落，「石松吹味」一躍落地，將中箭歹鳥拖出，自己藏進樹殼中。

此時霧社蕃追來，「石松咬味」從樹殼孔中開弓射去，霧社蕃連中倒下，不敢迫近，「石松咬味」又命各頭目取箭來，自己與追來之霧社蕃一決勝負。俟霧社蕃追兵迫近後，連箭直射，弄得追兵中箭，死者死，逃者逃，四散不敢追來。「石松咬味」率兵回社。

翌日又召集各社頭目蕃丁，連夜趕到萬岱社，將萬岱社包圍起來，萬岱社眾蕃不備，遽受襲擊，狼狽不堪，被水社蕃殺的喊天呼地，逃入霧社避難，自此不敢再出草害人，「石松咬味」凱歌收兵，一時名聲大噪。

有楠仔腳萬社、豬母朥社、鹿珠社、蠻蠻社、貓丹社、東普社、嶼武群社、吻吻社、卓社、和社、扣社等十一個蕃社，都聚水社恭賀茄苳王的勝利云。

茄苳王者，又名「石印蕃王」，其子孫現乃日月潭名望家也。

曾永坤《台灣日月潭史略明海大觀》載〈日月潭茄苳王故事〉，非常詳盡，茲錄之以享讀者：⑩

日月潭「神話相傳」，康熙三十年間，潭之東北

方，一夕間發生一株白茄苳樹，周圍二丈，樹根蟠繞水底約有十二尺，樹梢有三百餘尺，高顯上空，所以群族各社皆稱曰神木，刀斧亦皆不能傷。

道光年間，擬神木投胎婦身，而生一男兒，形體拔群，至長成身長九尺，勇力勝眾，頗顏多鬚，狀貌魁偉，被眾人推爲酋長，號曰松咬味，一日聚集群族各社頭目等，乘蟒甲遊觀日月潭的勝景，看見蜈蚣崙有吐鬚落海之勢，珠仔山有蹲足滅溺之力，水蛇山有過海望蛤之形，看珠仔山前，青龍吐珠，張牙舞爪，弄珠戲水的奇景，忽見龍頭角，海中有一個石印，現出水面有二尺餘，長四十八尺餘，周圍十二丈餘，上生二株文頭果樹，石四面生滿綠草青苔，其形狀如印章，旁邊一個小石螺印，松咬味拾回刻字，「晉源」爲號，以石爲姓，自此稱爲石松咬味，呼稱石印島，石印族社。

再遊潭之東北方，見一叢白茄苳樹，極其青翠茂盛，傍生一株白肉藤，環在白茄苳樹頂，各社頭目看了奇異，海中能生此樹，眞如神樹，群族對神木前敬禮，因時十五夜在樹下飲酒過一夜，各人天明四散回家。

翌年八月初三日過新年起，至十五日，群族各社都來神木前敬禮，飲酒、跳舞、做戲，各有生子出丁，五穀豐收，每年大集會一回，因霧社及萬岱社人時常出草爲害，埔里社及水社等處，漢原雜處，水社被霧社取一個首級前去，石松咬味酋長，遂聚集各社頭目會議，群族各要練兵射箭的訓練，在白茄苳樹設掛一牌，分爲紅白黑三等之別。

連中紅心三下者爲主帥，群族各社頭目，不能連中三箭，獨石松咬味箭法極精通，百發百中，連中紅心三

下，各社頭目，推尊扶石松咬味爲主帥，俗傳稱茄苳
王，亦曰石印番王，此石松咬味其爲主帥，遂帶領群族
往霧社攻擊。

霧社頭目勇猛接戰，石松咬味大叫還我們水社頭
目，不然殺進寸草不留，霧社不應答開刀就來，兩方戰了
不分勝負，萬岱壯頭目出爲講和，請兩方各出十名頭目，
在萬岱社議和，飲解和酒，飲至半酣半醉中間忽有一隻歹
鳥飛來，連叫數聲，水社頭目，個個頭眩目暗，一時中
計，被霧社殺了數名，餘者逃走，來到萬岱社大路邊見一
叢古樹，內中空殼可容人，石松咬味攀上，忽聽樹內歹鳥
哮了數聲，石松咬味遂挽弓開箭，歹鳥中箭墜落，直轉如
死，石松咬味將歹鳥拖出，自己藏入樹內，樹內有空孔，
前面霧社人追來，石松咬味開箭射去，壯丁頭目各連中
箭，不敢迫近，石松咬味叫各頭目取箭前來，放在樹邊，
我自己與他決雌雄，霧社人後方追趕迫近，石松咬味神箭
直射，霧社壯丁頭目中箭死者，逃者逃，四散不敢再追
來，石松咬味隨集群人還水社。

翌日集各社頭目壯丁，連夜趕到萬岱社，遂將萬岱
社包圍，萬岱社人不備，被水社人殺得死的死，走的
走，隨退入霧社內，自此一夜不敢再出草害人。

石松咬味領兵回水社，一時名聲大震，有楠仔腳萬
社、豬母勞社、鹿珠社、蠻蠻社、�社、東普社、嶼
武郡社、吻吻社、卓社、和社、扣社，以上共十一社，
都來水社恭賀茄苳王的勝利，各社頭目在水社飲酒遊湖
跳舞娛樂一夜，翌日各歸社耕作。

光緒元年，中路總鎮吳光亮，開中路自竹山鎮埔心
仔起，至台東縣通蕃界橫斷道路，開鑿到鳳凰山安營，

在頂城祖師廟，寫一匾曰「鳳凰山寺」四字吳光亮題，其弟吳光忠亦題四字「佑我開山」，開此山第二峰腰有數武之地，一大巨石，高二十尺，周圍九十尺，于石之上勒草體「萬年亨衢」四大字刻字，縱三尺，橫約一尺五寸乃至二尺大，石碑紀念，吳光亮題，萬年亨衢兩傍打一對石聯還未題書，欲留後賢添題，一日清早吳大人同蔡德輝，觀看鳳凰山，有鳳麓飛煙之景。詩曰：「翱翔千仞集高岡，聲應和鳴兆瑞祥；彩絢霞明滄海碧，光含雪霽暮山蒼。雲中日出煙騰樹，雨後風清月照篁；縹緲晴嵐生色相，東來紫氣鳳朝陽。」

再遊鳳凰頭，離頂城約一里路，看見鳳凰兩個銀眼觀照日月潭水社海中，成如龍鳳交會的意思，看來此鳳是活的，兩目若無取出，恐怕後來水社海出蕃王，即命人將鳳凰兩個銀眼取出，初數個月兩眼流出紅水，此光緒元年二月十九日之紀事，後再進住集集街距約八里半蘆竹湳溪左岸楠仔腳萬平原之地安第三營盤，在陳有蘭溪左岸楠仔腳萬平原大石上刻「山通大海」四大字吳光亮題，石約高六尺，周圍三十尺，天然石橫的，一日天降大雪，初晴之時，吳大人同蔡德輝及將眾參謀往八通關「又名玉山」立碑碣曰，過化存神碑，在八通關山頂，俗名水窟碑，高七尺，寬三尺餘，前鎮軍吳光亮立，觀看玉山雪。「蓬萊島上熱中看，積絮堆綿白未殘；莫道天南無地雪，玉山高處不勝寒。」

又觀玉嶂流雲之景，詩曰：「八通關上雪初晴，霞起層霄捧日明；玉立三峰光下界，花飛萬壑匯長城。晶簾捲碧涵秋水，暘谷流紅囀曉鶯；圖畫天開千古秀，蓬萊山色映冰清。」眾人下山到鹿珠社，看見鹿社秋光之

景，詩曰：「嶺雲出岫界鴻溝，萬社硎成慶有秋；野老扶犂來北路，番黎負耒事西疇。稻花臨水環茅屋，玉黍吹煙繞戍樓；耕鑿飲和歌化日，游山罷獵鹿呦呦。」

　　直路作詩，樂山各人遨遊回營，食了夜飯，盡娛樂一夜，天明吳大人看見楠仔腳萬平原之地，隨自諸羅山大勝阿里山豬母勞社派一百貳拾名原住民來楠仔腳萬耕田，約三甲餘地，開設義塾，延教師以教學童，不久，忽有報子報道，日月潭水沙連社出茄苳王，吳大人聽了明白，集開眾議，遂命張茂爲先鋒，帶領眾軍討伐茄苳王，茄苳王聞知，隨叫白面將軍打石鑼，陰陽將軍打石鼓，石鑼石鼓響亮各社壯丁頭目盡出，應戰，吳大人兵敗陣，請劉欽差上朝討救兵，光緒三年吳大人再往水沙連討伐，吳大人同張茂觀看水沙連是爲浮嶼，看見輪龍山，頭伸落海中，遂命張茂將輪龍頭先斬斷，再看其地四面高山，中爲大湖，湖中復起一山，族人聚居山上，非舟莫到，四周大山，山外溪流包絡，自山口入爲潭，岸草蔓延，繞岸架竹木浮水上，觀到潭之東北方，有一叢白茄苳樹，傍邊有一株白肉藤，環網在樹上，照地理上觀來，眞靈正穴結在此樹，須將此樹先除廢，不動干戈原住民自平，不然皆山管有二十四族社隔湖負山而居，路極峻險，内南港有映山、木扣山、卓路山、丹山、頭圍山、二圍山、木武郡山，北港有貓裏眉山、致霧山、福骨山，離縣治東九十里水沙連山，水沙連保距縣六十里，茄苳王一時若反變就難討伐，遂派來將洪景，用銳斧砍剉，白茄苳樹，今日砍剉不斷，明天來看又如然，連砍剉三日亦然如故，不能砍斷，洪景稟上吳大人知道，吳大人聽了甚奇怪，是夜命人排設香案，親

自燒香禱告山神土地，架浮舟親駕來到白茄苳樹下，是
夜在樹下安睡，到了三更時候，半醒半眠之間，恍惚有
人聲音，謂曰：「不驚你斧頭綿綿要，你有千人剉，我
有萬人補，只怕仰牙仔兄銅針烏狗血。」又曰：「此大木
茄苳樹，得天地日月精靈，一夕在湖中發生，既經千年
之齡，汝今派參數工兵，用銳斧伐之，亦無他何。」吳
大人聽了記在心頭，甜睡直到天明回營，召集眾參謀相
議，參考決定，即命洪景去取銅針烏狗血，張茂將銅針
烏狗血潑塗在白茄苳樹頭，洪景手提大鋸，將茄苳樹鋸
下，連鋸連潑銅針黑狗血，霹靂一聲響亮，樹斷倒下，
將洪景壓死在海中，村社白面將軍，陰陽將軍遂死，石
鑼石鼓浮在海面，吳大人聞知異奇，遂將石鑼蓋在白茄
苳樹頭，石鼓丟落海中，即日此物石鑼石鼓若能糜爛
者，白茄苳方可再發萌芽，此光緒三年吳大人討伐水沙
連，石松咬味聞知，白面頭目、陰陽頭目死後，村社起
了瘟疫，一大恐慌，石松咬味召集相議，今日大厄，非
常動搖不安，大家移轉卜吉居住，吳大人遂同眾參謀乘
舟往珠仔山視察，四面觀者風景甚美，有珠潭映日之
景，乃作詩曰：「海東水社大奇觀，山繞清潭眼界寬；
峰映月明珠照乘，石輝日暖玉光丹。荷花帶露誰知暑，
修竹藏雲那覺寒；混沌初分成太極，咸池出浴鏡中看。」

　　水沙連即景一：「華夷隔界世紛爭，殺戮相尋莫變
更；事異中原遍逐鹿，景耽幽谷好聞鶯。松亭掩映煙光
斂，樟里低徊月旦評；二百年來恩澤遍，何時番俗洽民
情。」

　　水沙連即景二：「沙色分披水色連，水沙連處地名
傳；四圍耕種無荒土，千仞登臨有洞天。蚺影削成樟作

棟，龍孫養就竹如椽；遨遊海外知多少，勝概應推此地
先。」

　　吳大人視察回營，有暇招騷人韻士遊興作詩娛樂，
石松咬味自白面頭目陰陽頭目死後，就獻地投城，後中
路分府給化蕃地主石松咬味爲總頭目管各社戳記印，故
俗傳水社海出茄苳王的故事也。

　茄苳樹的傳說，後來應驗了邵族的族運，自康熙、雍正、乾
隆、道光、咸豐、同治、光緒、日據以迄台灣光復，邵族族人歷
經了「水沙連之變」、「骨宗事件」、「林爽文事件」、「郭百年事
件」、「平埔族群入墾水沙連」、「屯制」、「隘制」、「草地租」、
「亢五租」、「日月潭發電工事」、「強制移居」……的重大政經變
遷，使得邵族族人流離失所，在苟延殘喘中，邵族族人憑著剛強
的毅力，平和的態勢，依存在日月潭畔生生不息，並且蘊育出燦
然可觀的人文特色。⑪

　邵族供奉最高祖靈和氏族祖靈，最高祖靈是一位男性的神，
居住在Lalu（即今之拉魯島）的大茄苳樹下，主宰著族人的福祉。
亦是巫師（先生媽）的祖師，能驅除惡靈與病魔。氏族祖靈有四
位，分別是邵族五個氏族的祖靈，族人以虔敬的心、隆重的祭儀
來加以供奉。⑫

貳、拉魯島之正名

　Lalu島是邵族最高祖靈駐守的地方，在邵族的傳說中，爲免
祖靈遭侵犯，拉魯島上不可有任何建築物，同時全島僅能種植代
表邵族子孫繁衍茂盛的茄苳樹。

　但是日據時代以及台灣光復後，日本殖民政府與國民政府以
強勢文化入侵拉魯島，在島上大興土本，使得今日的光華島已不
復往日風貌。

　　Lalu是邵族人心目中無可取代的聖山，為還邵族尊嚴，同時尊重邵族聖域，政府單位應具體回應邵族長老及各界文史工作者發起的「正名」行動，展現尊重原住民文化的誠意。

　　拉魯島在九二一大地震後，南投縣政府決定將邵族人的聖地光華島，歸還邵族，並正名恢復舊名「拉魯」。

　　南投縣原住民事務委員會第二次委員會議提案編號〇一，建請將魚池鄉日月村「光華島」改名成為「拉魯島」（LaLu）以符合原住民邵族祖先歷史之正名。說明：一、從歷史之文獻紀錄，邵族人發現日月潭後最早的聚居地應該是LALU（現名為光華島及石印Taligkwan）這一帶；而後才陸續拓荒，開墾至埔里、魚池、土城、頭社、茅埔、貓蘭等地區。從邵族祖先的口述當中，邵族走遊牧狩獵民族，直到發現日月潭後才正式定居。西元一九三四年，日本昭和九年，日本殖民政府為了興建日月潭水力發電工程，邵族人被迫放棄石印及LaLu，遷到現在的地方barawpan（卜吉剝骨）世居，就是現今的德化社部落。二、地區之地名應尊重當地原住民祖先歷史取名為宜，因此名含有歷史源淵背景存在，「光華島」現名乃為台灣光復後民國三十八年國民政府遷台而取名，與邵族原住民祖先所取之名意義差異甚大。為尊重當地原住民邵族文化源淵，慎重討論。本案轉請內政部、行政院原住民委員會「採納辦理」。

　　民國八十九二月十九日邵族朝思暮盼的祖靈地「光華島」終於正名為Lalu（拉魯島），為邵語「心中聖島」之意，為邵族帶來新的契機。⑬

　　我們冀望把拉魯島的重建工作，交給邵族傳承文化，因為拉魯島原本就是屬於他們的，讓他們重建屬於邵族的聖地，讓祖靈安心，並為年輕一輩找回失落的文化，重塑屬於邵族的日月潭新氣象，這也是他們所衷心期盼的。⑭

拉魯島是邵族人的聖山，應該讓邵族人在島上種植邵族的生命樹茄苳樹，這裡是清靜的地方，不宜在此大興土木搞觀光，任意打擾祖靈。政府應該歸還這塊屬於邵族祖先的遺址，重建一個邵族文化傳承的聖地。⑮

邵族重建拉魯島Lalu聲明

Lalu島之精神象徵意義與邵族文化息息相關，因此，重建計畫必須由邵族文化的主體「邵族人」參與主導，最後規劃案的結果更必須經過邵族族人的認同，才是真正尊重邵族文化的表現。

結合不同專業的協助，考古學（拉魯島上已發現有史前陶片）、人類學、文史工作、社區營造、大地工程（地質）、藝術家與建築等專業者共同參與。

所謂重建計畫應遵循合理的執行步驟，依照企劃書、社區營造、空間設計、實質工程等步驟進行。然而綜觀前述建議書不但設計品質低劣，也侷限重拉魯島的想像空間，最嚴重者是決策過程粗糙，沒有當地居民參與。

目前南投縣政府的建議案，跳過了邵族族人的層次，未能顧及邵族人的現實與文化需求，不但會迫使邵族文化陷入更深一層的弱勢之中，也嚴重曲解了南投縣政府的美意。

在此嚴正提出聲明，呼籲有關當局正視拉魯島的重建計畫，把重建拉魯島視為重振邵族生存機制與文化發展的跳板，而非把邵族人當成畫在牆壁上的圖案！聲明人：邵族文化發展協會暨邵族族人。

民國九〇年六月二十四日，校園六月天的畢業典禮，南投縣日月潭畔的德化國小在日月潭湖心的邵族祖靈地拉魯島舉辦畢業

典禮，向祖靈行禮。老師、學生、家長穿著邵族傳統服飾，在祖靈地上起舞，讓他們記得邵族子民的驕傲，這是德化國小創校四十年來，首度踏上祖靈地拉魯島舉辦畢業典禮，充滿邵族風味，場面溫馨感人。

參、重植茄苳樹展開重建

民國八十八年九二一大地震是台灣百年大震，大地震讓邵族的祖靈地拉魯島受到了驚擾，但也一舉催毀了邵族人的心頭之痛，即近二十年來月下老人銅像日日夜夜地侵擾邵族祖靈神聖地。

月下老人的毀棄，象徵著邵族人重建的希望，正如邵族家園雖在地震中傾頹殆盡，生活困頓，卻也震醒了邵族人的族群尊嚴與希望。

Lalu島是邵族最高祖靈駐守的地方，在邵族的傳說中，為免祖靈遭侵犯，拉魯島上不可有任何建築物，同時全島僅能種植代表邵族子孫繁衍茂盛的茄苳樹。

日月潭畔邵族相傳拉魯島上曾有一棵茄苳樹，是邵族的血脈所在，但漢族入侵後砍下這棵樹，從此邵族開始衰微，至今只剩二百多人。

台灣省社區關懷協會關心日月潭和邵族，曾經在八十七年十二月廿六日聯合邵族、泰雅族、布農族及漢族共同在德化社潭畔種下邵族消失已久的「血脈之樹」，並命名為「族群共榮樹」。[16]

此次種植「族群共榮樹」活動主要目的，是能在水沙連土地上重申和平共存，不再有已往的欺騙、殺伐。各族群在種樹儀式後，在潭畔唱歌跳舞，並乘坐小船報佳音。

根據邵族的傳說，拉魯島上原有一顆白茄苳樹，庇護著邵族，因此邵族人把白茄苳樹視為聖樹。

民國八十九年十月十二日上午，先生媽（女祭司）以指灑撥

祭酒後，族人在先生媽、長老帶領搭船前往拉魯島。

邵族人在拉魯島上種下了三棵（一棵大樹、兩棵小樹）邵族的神樹茄苳樹，取代島上被震倒的龍柏和龍眼樹，族人們以灑土代表填土。

這個植樹行動不僅象徵邵族住民重新取回聖山的主權，也代表日月潭原住民文化的再興，更象徵原住民文化將再度蔚成日月潭人文的主流特色。

日月潭除了美麗的湖光山色，還有邵族文化，在拉魯島上栽種族人視爲聖樹的茄苳樹，象徵邵族文化永續發展與生生不息。

種下三棵邵族的神樹茄苳樹後，確認了拉魯島屬於邵族聖山的地位，不僅邵族人心願得償，也爲日月潭再次發展原住民文化及觀光風華再現。

族人並在樹上繫上紅、黃、灰三色的許願布條，後在島上唱歌、繞島，祈祝拉魯島和日月潭永遠山青水秀，邵族世代傳承繁衍。

綜合以上諸說，關於拉魯島與茄苳樹傳說整理如下：

一、拉魯島邵族人最早稱之爲「lalu」。

二、漢人稱拉魯島爲「珠仔嶼」。

三、拉魯島是邵族祖靈所在地。

四、拉魯島也是培訓邵族先生媽（女祭司）的聖地。

五、拉魯島原本面積比現在面積大許多，邵族祖先曾在拉魯島上種植過小米。

六、日據時期在日月潭攔水建造水利發電廠，致使潭面升高七公尺，拉魯島就變小了，邵族人遷居卜吉社。

七、日本人稱拉魯島爲「玉島」。

八、台灣光復後，把原名水沙連改稱爲日月潭，改拉魯島爲「光華島」，意指日月光華。

九、在光華島上建一情人廟（月老廟）。

十、九二一大地震將光華島震得面目全非，亦把月老廟震
　　倒。

十一、邵族人強烈要求還我「拉魯島」族名。

十二、邵族人於拉魯島上重植該族的神樹茄苳樹，象徵邵族
　　　人的重生。

【註釋】

①曾永坤《台灣日月潭史略明海大觀》，南投竹山，覺生月刊社，1956.11。

②同①

③林文龍《台灣中部的開發》，台北，常民文化公司，1998.5。

④田哲益《台灣的原住民邵族》，台北，台原出版社，2002.7。

⑤鄧相揚、許木柱《台灣原住民史邵族史篇》，南投，台灣省文獻委員會，
　2000.12。亦載鄧相揚《邵族華采》

⑥洪英聖《台灣先住民腳印》，台北，時報文化出版企業有限公司，1994.3.三
　刷。

⑦同⑥

⑧范純甫主編《原住民風情》（下），台北，華嚴出版社，1996.8。

⑨高淵源《台灣高山族》，台北，香草山出版有限公司，1977。

⑩同①

⑪鄧相揚〈神話水沙連〉，《水沙連漫步》第六期，1996.10.25。

⑫鄧相揚、許木柱《台灣原住民史邵族史篇》，南投，台灣省文獻委員會，
　2000.12。

⑬同④

⑭同④

⑮同④

⑯同④

第三章

邵族太陽與月亮口傳文學

壹、一對夫妻救太陽與月亮

日月潭是世界名聞遐邇的風景勝地，此地居住著原住民少數民族邵族，邵族亦與其他少數民族一樣擁有許多膾炙人口的神話傳說，邵族的太陽與月亮神話傳說在台灣少數民族中是非常異類與特殊的。

〈日月潭〉，《原住民傳說》，范純甫主編：①

古時候，大清溪邊住著一對青年夫婦，男的叫大尖哥，女的叫水社姐，倆口子專靠捕魚過活。

他們織大網撈魚，做浮筒釣魚，鑽進深潭裡石岩底下摸魚。小夫妻的日子過得挺甜。

有一天，中午時候，太陽在天空照耀著，他們鑽進溪水裡摸魚。忽然，轟隆一聲，大地震動了，河水也震動了，在水底下看不見東西了。他們急忙浮上水面。

啊！太陽不見了，天上黑漆漆的，地下也是黑漆漆的。他們摸頭不知腦，只好手拉著手爬上岸，高一腳低一腳慢慢地走回家。

到了晚上，月亮出來了，兩夫妻在大門口月光下補魚網。又聽得轟隆一聲，地面上的石頭和房子都跳動起來。月亮一閃就不見了。天黑漆漆的，地也是黑漆漆的。他們摸頭不知腦，只好慢慢地推開大門，回家睡覺。

從這天起，天上沒有太陽，也沒有月亮，日夜黑漆漆的。大尖哥和水社姐只好燒起柴火在家裡做事，點燃松蠟下溪捕魚。

不久，田裡的禾苗黃白黃白的，長不起來。山上的樹木也低垂著黃白黃白的葉子，萎萎縮縮的。

花不開了，果子不結了，鳥不叫了。蟲在哭泣，家

家戶戶在唉聲嘆氣。大地上黑里墨悄的。

大尖哥坐在溪邊寶聲寶聲地對水社姐說：「這種日子怎麼過啊？」水社姐順手抓了一塊石頭扔下溪水裡，嘆一口長長的氣，說：「不光我們倆的日子難過，所有人們的日子都難過啊！」

大尖哥說：「太陽和月亮一定落到地上來了。可能在大山上，也可能在大森林裡。我想去尋找它們，要回我們的光亮。」

水社姐說：「好啊！我們兩個人去吧！」小夫妻倆拿起大火把往大山走去，往森林走去。

在路上看見一個小嫚子弓著背在鋤甘蔗地，地邊燒起一堆柴火。她無心懶意的，一鋤一歇的。水社姐問道：「小嫚子，你鋤地為什麼無心懶意的呢？」

小嫚回答的聲音是淒淒涼涼的：「沒有太陽，沒有月亮，種起甘蔗來也不長大的，我有什麼心思鋤地呢！」

大尖哥說：「你在這裡好好鋤地吧！我們去把太陽和月亮找回來。」小嫚子望一望黑漆漆的天上，說：「太陽月亮失掉了，能找回來嗎？」

小夫妻滿有信心，打著火把的篤的篤向前走。在路上看見一個小伙子燒起柴火在放牛。小伙子躺在地上盡嘆氣。

大尖哥問道：「小哥哥，你為什麼嘆氣呀？」小伙子回答的聲音是淒淒涼涼的：「沒有太陽，沒有月亮，牛沒有青草吃啊！」

水社姐說：「小哥哥，你看好牛吧！我們去把太陽和月亮找回來。」小伙子翻身爬起來，說：「太陽月亮失掉了，能夠找回來嗎？」

　　「我們相信能夠找得回來的。」小夫妻滿懷信心地打著火把的篤的篤向前走。他們走著，走著，走過了一座一座的高山大嶺，走過了一條一條的小溪大溪，走過了一叢一叢的深樹密林。

　　一條火把熄了又點上一條，一條接一條地燃著。可是，他們在大山上，在森林裡，不見太陽的影子，也不見月亮的影子，天上黑漆漆的，地上黑漆漆的。

　　有一天，他們走到一座大山上，望見遠遠的地方亮一陣黑一陣，黑一陣又亮一陣。

　　小夫妻歡呼著說：「太陽和月亮一定在那裡了！」他們拿著火把連跳帶跑地朝有光亮的地方走去。

　　在路上，他們看見一個老爹爹坐在草屋門口抱頭唉聲嘆氣。大尖哥問道：「老爹爹，前面那地方一亮一黑的，是太陽和月亮掉在那裡吧？」

　　老爹爹抬起陰沉的臉，半天半天才說：「是呀，太陽和月亮在那裡呀！可是，那太陽月亮不是我們的了。」小夫妻心裡奇怪，不由得走到老爹爹身旁，和他談起來。

　　老爹爹說：「前面不遠，有個深深的大潭。潭裡有兩條惡龍，一條公龍，一條母龍。有一天，太陽走過天空，公龍飛躍起來，一口吞食下肚。晚上月亮走過天空，母龍也飛躍起來，一口吞食下肚。

　　這一對惡龍在潭裡游來游去，把太陽和月亮一吐一吞，一碰一擊的，像玩大珠球一樣。你們看，潭裡面不是一亮一黑嗎？那就是它們一吐一吞啊！它們只圖自己好玩，卻沒想到千千萬萬的人沒有太陽和月亮，日子過不下去啊！」

　　大尖哥說：「老爹爹，我們打起火把，爬山過水，就是專門來奪回我們的太陽和月亮，使千千萬萬的人過好日子。」

　　老爹爹說：「孩子，惡龍凶猛啊！太陽和月亮，它們一口也能吞下肚。你們一對小夫妻能夠和它們鬥嗎？」

　　水社姐說：「我們相信能奪回來的。」老爹爹兩眼默默望著他們，不出聲。小夫妻打起火把，的篤的篤向前走去。

　　走到大潭邊了，看見兩條巨大的惡龍在潭裡吞吐著太陽和月亮。太陽和月亮碰得咚咚響，潭面上一亮一黑的。

　　大尖哥和水社姐伏在潭邊大石頭上，輕輕商量著怎樣殺死惡龍，怎樣奪回太陽和月亮。

　　惡龍的嘴巴大大的，只要舌頭輕輕一伸，就可以把一對小夫妻捲進嘴裡。怎麼辦呢？他們談來談去也談不出一個辦法。

　　忽然大石岩下面冒出煙來。他們低頭下望，大石岩下有一個深深的岩洞，煙從深岩洞裡飄出來。

　　大尖哥說：「這岩洞一定通到潭底惡龍住的地方，我們鑽進去看看。」水社姐說了一聲「好」，跳下大石岩朝洞裡鑽去。大尖哥跟在後頭。洞黑裡墨悄的，發出霉濕的泥土氣味。

　　他們走了很久很久，越進去，洞越寬大，忽然看見前面發出火光，再走過去一看，啊！原來是一間廚房，一個白髮老婆婆在灶邊煮飯呢！

　　他們看到老婆婆慈眉善目的，斷定決不會是壞人。大尖哥走過去問道：「老婆婆，你好。你在這裡煮飯嗎？」

　　老婆婆猛然聽見人的聲音，抬頭見是兩個青年男女，她急忙放下鍋鏟，過去抓住他們的手說：「啊！孩子，我許久沒有見到我們的人了，你們叫什麼名字啊？」

　　大尖哥說：「我們是在溪裡捉魚的一對夫妻，她叫水社，我叫大尖。老婆婆，你為什麼在這裡呢？」

　　老婆婆搖著滿頭白髮，流著眼淚，說出了她的遭遇：

　　老婆婆年輕的時候，住在山腰上，一家人過著快快樂樂的日子。有一天，她在後山鋤甘蔗地，忽然一陣猛風吹來，兩條粗大的惡龍在半空中用尾巴向地上一捲，就把她捲到這個深深的岩洞裡。她每天替惡龍煮飯吃。日子一天一天的過去，不曉得過了幾十年，只曉得自己青青的頭髮變成白白的頭髮，圓潤潤的臉孔變成皺巴渣的臉孔。

　　老婆婆又說：「孩子，你們快出去吧！惡龍在潭裡玩膩了，就會回洞裡吃飯的，牠們見到你們，必然一口吞下去。」

　　大尖哥說：「惡龍吞食了太陽和月亮，地上的人們很難生活。我們是特地來殺死惡龍，奪回我們的太陽和月亮的。」

　　老婆婆想了一想說：「孩子你們兩個人怎能殺死惡龍呢？我曾經聽見公龍和母龍在吃飯的時候談話：

　　母龍驕傲地說：「我們是天不怕地不怕的龍啊！」公龍說：「我們就怕阿里山底的金斧和金剪刀。若是有人把金斧頭和金剪刀丟下潭裡，金斧頭會自動地劈開我們的頭殼，金剪刀會自動地剪斷我們的喉嚨。那我們就完蛋了。」母龍慌了起來，說：「我們趕快去把它們毀

掉吧！」公龍說：「不要緊，它們埋在深深的山底，沒有人曉得，就是曉得了，也沒有本事挖得出來。」

「孩子你們要想殺死惡龍，奪回太陽和月亮，只有到阿里山腳下挖出金斧頭和金剪刀才行。孩子，我恨死了惡龍啊！我很想回家啊！」

大尖哥說：「老婆婆，我們相信一定能挖出金斧頭和金剪刀。等我們殺死惡龍再來接你回去吧！」

水社姐忽然想起，挖山沒有鋤頭怎麼行？她問道：「老婆婆，你有鋤頭嗎？借兩把給我們挖山啊！」

老婆婆給他們一把大鍋鏟，一把大火叉，說：「這是龍的東西，你們拿去挖山吧！大概會比鋤頭好用。」

大尖哥和水社姐接過鍋鏟火叉，辭別了老婆婆，從洞裡鑽了出來，點起了火把，一直朝阿里山跑去。

他們到了阿里山腳，男的用火叉鑿地，女的用鍋鏟掀土，鑿呀鑿，掀呀掀，不曉得過了多少日子，山腳底下挖出了一個深深的大洞。忽然深深的洞裡轟隆一聲放出了紅光，金斧頭和金剪刀出現了。

大尖哥揀起金斧頭，水社姐撿起金剪刀，跑出洞來。小夫妻倆好喜歡啊，他們大步跑小步跑，一直朝惡龍住的大潭跑去。恰好公龍和母龍又在潭裡游來游去，把太陽和月亮吐出吞進，一碰一擊的。

大尖哥站在潭邊大石岩上把金斧頭丟下潭去。只聽見「轟隆，轟隆」的聲音，兩條惡龍在潭底翻翻滾滾，浪花掀起幾丈高。忽然，兩條惡龍滿頭是血，伸了出來，要向天空飛去。

水社姐急忙把金剪刀丟下潭去。只聽見「卡嚓，卡嚓」的聲音，惡龍的頭沉下潭水裡。一會兒，潭水平靜

了，一對惡龍直挺挺地躺在潭底，脖子上冒著鮮血，把潭水也染紅了。

金斧頭和金剪刀在潭裡一晃，不見了。太陽和月亮圓滾滾的從惡龍的口裡滾出來，在潭裡一浮一沉的，好光亮啊！

大尖哥和水社姐站在潭邊大石頭上拍手大笑。大尖哥說：「惡龍是殺死了，可是太陽和月亮還是沉在潭裡也沒有用呀，怎樣使它們仍舊在天上走呢？」

他們呆呆的望著潭水，想不出辦法。水社姐說：「我們還是去找老婆婆商量吧！」

他們兩口子又鑽進大岩石下深深的洞裡，又見到老婆婆搖著白頭髮在灶邊煮飯。

大尖哥說：「老婆婆，惡龍殺死了，請你出去吧！」老婆婆一聽惡龍死了，笑得兩眼冒出淚花，她顫聲說：「孩子，好孩子，我們出去看看吧！」

老婆婆和一對青年夫妻出去站在潭邊大石岩上。太陽和月亮在潭裡一浮一沉的。

大尖哥說：「老婆婆，怎樣才能夠把太陽和月亮送上天去呢？」老婆婆想了一想說：「我聽過老前輩說，人吃了龍的眼珠，會身長力大，你們取來吃了，把太陽和月亮拋上天去吧！」

小兩口都會游水，他們聽說，立刻撲通跳下潭去。大尖哥摘下公龍的兩顆眼珠，一口吞下肚，水社姐摘下母龍的兩顆眼珠，也一口吞下肚，忽然，他們變成又高又大的人，站在深潭裡像兩座高山。

他們捧起太陽往天上就拋。太陽在半空中飄了一會，又落下潭裡，拋了三次，落了三次。

老婆婆站在潭邊大聲說：「孩子，潭邊有兩株高大的棕櫚樹，拔來托太陽上天好啦！」

兩夫妻伸手到潭邊，各人拔了一根幾十丈高的大棕櫚樹。兩夫妻抬起太陽用勁拋上天空，他們急忙用棕櫚樹向上托著，一沖一沖的。這樣整整沖了三天，把太陽沖上天空去了。

太陽紅彤彤的，照舊在天上行走。地上的花草樹木活了，人們笑了。

兩夫妻又抬起月亮用勁拋上天空，他們又用棕櫚樹向上托著，一沖一沖的，整整沖了一天。當著太陽走往西邊的時候，月亮上了天空。

晚上月亮明光光的，照舊在天上行走。地下的人們在月光下，拍手唱歌，歡舞。

大尖哥和水社姐爬上大岩的東邊來，手拿著大棕櫚樹，筆挺挺地分站在潭的兩邊。大尖哥仰起頭來望天上，水社姐低下頭來望潭裡。

老婆婆對大尖哥說：「大尖哥，惡龍殺死了，太陽和月亮也到天上了。我們回家去吧！」

大尖哥說：「我要守住太陽和月亮，不讓它們再掉下潭裡。我要使太陽和月亮永遠在天上明明亮亮的照著，讓人們過著美美的日子。」

老婆婆對水社姐說：「水社姐，惡龍殺死了，太陽和月亮已到天上了。我們回家去吧！」

水社姐說：「我要守住惡龍不讓牠們再活轉來。我要使太陽和月亮永遠在空中明亮亮的照著，讓人們過著美美的日子。」

老婆婆說：「你們都是好孩子啊！」她飄著白頭髮

獨自回她老家去了。大尖哥和水社姐筆挺挺地站在潭邊守著，守著。

　　一天一天的過去，一月一月的過去，一年一年的過去。大尖哥和水社姐變成兩座雄偉的大山。這兩座大山永遠守在大潭的旁邊。後來的人們把這個大潭叫做日月潭，把這兩座大山叫做大尖山和水社山。

　　人們天天想念著大尖哥和水社姐。每年秋天，大家穿著美麗的服裝，拿起竹竿和彩球來到日月潭邊，他們把球拋上天空，然後用竹竿向上沖去，不讓球落下地來。他們學大尖哥和水社姐托太陽、月亮上天的樣子。原住民們把這種玩法叫托球舞。

本則傳說故事情節要述如下：

一、大清溪邊有一對青年夫婦大尖哥和水社姐，專靠捕魚過活。

二、有一天中午，兩夫婦鑽進溪水裡摸魚，突然大地震，太陽不見了。

三、這一天晚上，兩夫婦在大門口月光下補魚網，轟隆一聲，月亮也不見了。

四、自從太陽和月亮消失之後，禾苗長不起來，樹木花草也萎縮不結果了，鳥不叫、蟲在哭泣，人人都唉聲嘆氣。

五、兩夫婦思索著太陽和月亮一定落到地上來了。

六、兩夫婦決定到大山森林裡尋找太陽和月亮，要回光亮。

七、兩夫婦沿途見到小孀子、牧童等，都是懶心懶意的無心做事，因為他們失了太陽和月亮的光亮。

八、兩夫婦找了許久，仍然找不到太陽和月亮的蹤跡。最後他們望見了遠遠的地方亮一陣黑一陣，黑一陣又亮一陣，他們終於找到了太陽和月亮。

九、兩夫婦見到老爹爹，老爹爹告訴他們太陽和月亮就在大潭中，潭裡有兩條惡龍，有一天，太陽走過天空，公龍飛躍起來，一口吞食下肚。晚上月亮走過天空，母龍也飛躍起來，一口吞食下肚。

十、潭中的兩條惡龍，在潭裡游來游去，把太陽和月亮一吐一吞，一碰一擊的，像玩大珠球一樣。所以才會看到一陣黑一陣，黑一陣又亮一陣了。

十一、兩夫妻到達大潭邊，發現大石岩下面冒出煙來，他們知道這是通到潭底惡龍住的洞穴。

十二、兩夫妻跳下大石岩朝洞裡鑽去，看見前面發出火光，原來是一個白髮老婆婆在灶邊煮飯。

十三、白髮老婆婆向年青兩夫妻述說她在後山鋤甘蔗地，忽然有一陣猛風吹來，兩條粗大的惡龍在半空中用尾巴向地上一捲，就把她捲到這個深深的岩洞裡，每天替惡龍煮飯吃。

十四、兩夫妻也告知白髮老婆婆說他們的來意是殺死惡龍，奪回太陽和月亮。

十五、白髮老婆婆告訴兩夫妻說要殺死惡龍，除非是用阿里山底的金斧和金剪刀。

十六、白髮老婆婆給了兩夫妻一把大鍋鏟和一把大火叉以便挖山取出金斧和金剪刀。

十七、兩夫妻到達阿里山腳，丈夫用火叉鑿地，妻子用鍋鏟掀土，終於挖出了金斧頭和金剪刀。

十八、兩夫妻又回到大潭邊，丈夫把金斧頭丟下潭去，兩條惡龍滿頭是血，妻子也把金剪刀丟下潭去，把兩條惡龍剪斷喉嚨。太陽和月亮從惡龍的口裡滾出來，在潭裡一浮一沉的。

十九、兩夫妻把惡龍殺死非常興奮，但是又開始擔心起要將如何把太陽和月亮送上天去。

二十、白髮老婆婆告訴兩夫妻說吃了龍的眼珠，會身長力大，你們取來吃了，便可把太陽和月亮拋上天去！

二十一、丈夫摘下公龍的兩顆眼珠，一口吞下肚，妻子摘下母龍的兩顆眼珠，也一口吞下肚，忽然，他們變成又高又大的人，站在深潭裡像兩座高山。

二十二、兩夫妻捧起太陽往天上拋了三次，太陽又落下潭裡。

二十三、白髮婆婆指示兩夫妻用棕櫚樹托太陽上天。兩夫妻各人拔了一根幾十丈高的大棕櫚樹。兩夫妻抬起太陽用勁拋上天空，又急忙用棕櫚樹向上托著，整整沖了三天，把太陽沖上天空去了。

二十四、太陽回復歸位於天上，地上的花草樹木和人都活躍起來了。

二十五、兩夫妻又抬起月亮用勁拋上天空，亦用棕櫚樹向上托著，一沖一沖的，整整沖了一天。

二十六、晚上又出現明亮的月光，人們在月光下，拍手唱歌，歡舞。

二十七、至於兩夫妻，丈夫要守住太陽和月亮，不讓它們再掉下潭裡；妻子要守住惡龍不讓牠們再活轉來。他們要使太陽和月亮永遠在天上明明亮亮的照著，讓人們過著美美的日子。

二十八、兩夫妻筆挺挺地站在潭邊守著、守著，經年累月，變成大尖山和水社山兩座雄偉的大山，永遠守在大潭的旁邊。

二十九、邵族每年秋天會舉行一種遊戲叫做托球舞，用竹竿

和彩球來到日月潭邊，把球拋上天空，然後用竹竿向上沖去，不讓球落下地來。即是學大尖哥和水社姐兩夫妻托太陽、月亮上天的樣子。

貳、英雄弓箭射太陽

《台灣先住民腳印》，洪英聖：②

遠古時代，天上只有巨大的一個太陽，沒有月亮，大太陽烤死萬物，一個邵族英雄就用弓箭，在農曆三月十一日這一天，把太陽射成兩半，太陽變小了，成為今天的樣子，另一半較小，變月亮，從此太陽暖和，晚上也誕生一個月亮，照亮可怕的黑夜。因此邵族人開始祭拜「日神」和「月神」。

本則故事是邵族射日的傳說故事，也兼述邵族人祭拜「日神」和「月神」的由來。

本則傳說故事情節要述如下：

一、遠古時代只有巨大的一個太陽，沒有月亮。

二、巨大的一個太陽，非常酷熱，烤死萬物。

三、一個邵族英雄於農曆三月十一日把太陽以弓箭射成兩半。

四、巨大的太陽變小了，另一半較小的變成月亮。

五、太陽不再那麼酷熱，晚上也有月亮照明了。

六、邵族人開始祭拜「日神」和「月神」。

【註釋】

①范純甫主編《原住民傳說》（下），台北，華嚴出版社，1998.4.二版。亦見永銓出版事業《高山族》，1992.5。

②洪英聖《台灣先住民腳印》，台北，時報文化出版企業有限公司，1994.3.三刷。

第四章

邵族卜占口傳文學

古昔邵族人在其日常生活當中，非常重視吉凶禍福之事，他們藉著鳥卜占，用夢解徵兆，鳥占與夢兆作爲判斷之準據，而且還有許多必須遵行之禁忌儀節。

壹、邵族鳥占傳說

邵族的占卜鳥有特定的鳥種，邵族人以M'asu-niʔ鳥之動態、飛向等，以判斷吉凶禍福，M'asu-niʔ鳥鳴於左邊爲吉祥之兆，右邊叫則爲凶兆。

邵族人遇到鳥占不吉利的時候，無論是上山耕作或狩獵、漁撈、旅遊等，必須趕快折返回家，禁忌勉強繼續前進，否則會遭遇不幸的事件。

邵族人以遇到Squ-io鳥爲凶兆，凡是出門有遇到這種鳥，飛越頭上，不論牠的飛向怎樣，都必須即刻返回，否則會遇到凶事。古代邵族人非常重視鳥占，並且徹底實踐之。

唐美君〈日月潭邵族的宗教〉載有關鳥占的傳說故事：①

M'asu-niʔ鳥是從前我們社裡的一位青年勇士死後所變成的。此鳥身體羽毛黑白相雜，頭部灰色雙眼發光，懂得人意，能預知禍福。

我們出外之時如遇此鳥鳴於左邊則爲吉兆，此行定能如願。反之，如遇此鳥鳴於右邊則爲凶兆，須折返，否則必遭不利。

相傳古時我們的祖先於一次出草獵頭時遇M'asu-niʔ鳥在右邊路旁跳叫，初不知其意，繼續前進，結果這次出草大爲失敗。

自此以後漸注意此鳥之鳴聲，屢試之乃知其意，因此敬爲靈鳥。又，另有一種叫做Squ-io的鳥，亦具靈性，此鳥報凶不報吉，出門時如遇此鳥飛越而過，不論

方向，都須折返。

本則傳說故事敘述：

一、M'asu-niʔ鳥是族裡一位青年勇士死後所變成的。

二、M'asu-niʔ鳥鳴於左邊爲吉兆，鳴於右邊則爲凶兆。卜吉
　　兆則可繼續從事欲做之事，否則必須立即折返家中，不
　　然必遭不測。

三、邵族人經過多次馘首經驗，M'asu-niʔ鳥的徵兆屢試不
　　爽，遂敬爲靈鳥，作爲行事之依據與標準。

四、叫做Squ-io的鳥，此鳥報凶不報吉，出門時如遇此鳥飛
　　越而過，不論方向，都須折返。

　　鳥占亦稱鳥卜，台灣原住民都有此種俗行，世界各民族古代
亦多有鳥占之行事，中國的民族亦不例外。

《隋書‧西域傳》云：

　　女國在蔥嶺南，俗事阿修羅神，又有樹神，歲初以
人祭，或用彌猴，祭畢，入山祝之，有一鳥如雌雉來集
掌上，破其腹而視之，有粟則年豐，沙石則有災，謂之
鳥卜。

《唐書‧西域傳》載：

　　東女風俗大抵與天竺同。巫者以十月詣山中，布糟
麥，咒呼群鳥，俄有鳥來如雞狀，剖視之，有穀者豐
歲，否即有災，名曰鳥卜。

《李靖傳贊》載：

　　世言靖精風角，鳥占、雲祲、孤虛之術。

貳、邵族夢占傳說

　　夢，睡眠中意識朦朧之時，依身體內外之種種刺激，而喚起
其意識，其時應於其人心境之狀況，而與其所有之觀念互相聯

合，現快樂或悲傷及驚懼之種種幻象，謂之為夢；夢由各種刺激各種觀念聯合而成，故其內容常不統一而無系統。

邵族也與一般之原始民族，也都非常重視夢兆，舉凡建屋、造船，出草、婚喪、喜慶……等等日常生活繁事，邵族人悉依「夢兆」而行事。如果平時夢凶而受到驚嚇，必須請巫師來驅邪。

邵族對於夢兆相信其有消極之力量，故對凶夢較之吉夢為重視。通常因得凶夢以後所引起之生病及其他意外事件者，都請巫師禳祓及祈告祖靈。②

（一）吉兆

邵族夢卜之吉兆如下：③

一、　夢見洗澡或獲物為健康之兆。

二、　夢見大風浪或大風雨，則作物將豐收。

三、　夢見狗必發財。

四、　夢跳舞，身體更康健。

五、　病人夢受人咒罵，病將癒。

六、　巫師夢見已故巫師，則巫術更加進步。

七、　建屋前夢見人畜生產，則人丁興旺。

八、　娶妻之前夢見來客，則夫婦和睦。

（二）凶兆

邵族夢卜之凶兆如下：④

一、　夢飲酒、失物、過橋、刀傷、溺水，被人牽手，則皆病兆。

二、　夢火即發燒之兆。

三、　夢打鞦韆兆患瘧疾。

四、　夢中與惡鬼交談則將死之兆。

五、　夢見與死者交談，將生病破財。

六、　出草前夢被殺，不得參加。如領隊者得此夢則放棄
　　　原計劃。

七、　造船前夢見自己乘於船上，新船必覆沒，須停工三
　　　日。

八、　築屋前夢見死人，乃地基不利，須另擇地築屋。

九、　夢中過橋爲大病之兆，謂魂將自此留於橋上而不
　　　返。

十、　夢中受刀砍謂將生瘡。

十一、病人夢沉入水底，爲病勢將更重之兆。

十二、常人夢見沉入水底，謂將生大病。

【註釋】

①唐美君〈日月潭邵族的宗教〉，載於《日月潭邵族調查報告》。

②同①

③《台灣省通志》卷八〈同胄志・邵族、平埔族篇〉第九冊，台灣省文獻委員
　會，1972.12。

④《台灣省通志》卷八〈同胄志・邵族、平埔族篇〉第九冊，台灣省文獻委員
　會，1972.12。亦見唐美君〈日月潭邵族的宗教〉，載於《日月潭邵族調查報
　告》。

第五章

邵族女巫口傳文學

壹、邵族女巫傳承邵族文化

邵族女巫「先生媽」是邵族主要文化傳承者之一，其職能是服侍最高祖靈和氏族祖靈，並且為族人告解、除穢，獲取平安，可以說「先生媽」是宗教生活的支柱，也是精神生活的告慰者。

邵族近百年來，雖然遭到外來文化的影響，某些傳統亦逐漸式微，但邵族的「公媽籃」信仰，和「先生媽」的制度，至今仍維持著相當完整，這是一件相當不容易的事情，更是邵族引以為傲的榮耀。①

貳、邵族女巫釋義

巫女能事無形以舞降神者也。巫師，指行巫術之男女而言，指以虛構之超自然力量來實現某種願望之法術。為原始社會之一種信仰，及後世天文、曆算、宗教之濫觴。中國古代，巫之職司即為奉祀天地鬼神，為人祈福禳災，並兼事占卜星曆之術。

邵族的公媽籃（祖靈籃）崇拜，是邵族的主要原始宗教文化的特質之一，邵族這種獨特的公媽籃崇拜不見於台灣島上的其他族群。

邵族的女巫「先生媽」稱呼的由來，據鄧相揚《邵族華采》謂：②

> 先生媽的邵語稱作Misshishi，日治時期則被稱為Shinshi，可能由日語「先生」轉化而來，現今邵族族人則慣以閩南發音「先生媽」來稱呼。

參、邵族女巫之產生

邵族女巫師俗稱先生媽，是經過挑選訓練之後產生的。要成為一個稱職的先生媽，除了自己願意，並有決心要為祖靈服侍之外，其有三個條件：③

第一：夫妻必須當過豐年祭的爐主。

第二：要受到族人的推崇。

第三：要獲得最高祖靈Pacalar的同意。

由於豐年祭的爐主是一項繁重且花費較多金錢的工作，所以當過爐主的人，會倍受族人的尊重，亦因此才有這份福蔭去當先生媽的工作。……如果不是一個受人尊敬與推崇的人來擔任先生媽的職務，這個人所執行的工作將受不到族人的信任，甚至會加以排擠，所以要當先生媽就必須要有良好的修養與操守的人才能勝任。④

邵族民國八十二年七位女祭司分別爲：

一、陳玉梅

二、石至寶

三、陳阿甘

四、石玉英

五、郭碧蓮（原布農族人，嫁給邵族人爲妻。）

六、石蕊

七、幸春英（原南投縣信義鄉地利村布農族人，嫁給邵族頭目後代袁福田爲妻。）

《原住民風情》，范純甫：⑤

> 邵人的巫師都由婦女擔任，巫師必須具備特殊條件，並且先拜師爲徒，修業二年後才能開始行巫，可見其要求之嚴格。
>
> 巫師限於丈夫曾經擔任過豐年祭的祭主，並且爲社眾所推崇，而又得到最高神靈的允許者才能擔負這一重任。
>
> 拜師爲徒的時候，要先備禮贈師，由其師率領前往珠仔山等祈告最高祖靈，獲准作爲徒弟，返回後請最高

祖靈降臨在她家裡受祭，三天三夜閉門不出。

　　晚上開門獨睡，如果祖靈降臨並通知她，批准她作為徒弟，就自行撫摸全身，以代神的撫摸之意。

　　從此，她就可以從師學習巫術。老師要經常到她家裡傳授巫術，並且常常陪領著她到各家作巫，讓她培育感性知識，從旁學習。

　　在實習的過程中，禱告詞一般由師傅在身旁逐句教授，並且由她高聲唸出來，學成後再備送一份禮品給老師，巫術學習即告結束，可以獨立行使巫術了。

本則敘述邵族女巫師成巫之條件，以及拜師學巫的經過，故事情節要述如下：

一、邵人的巫師都由婦女擔任。

二、婦女成巫，先拜師為徒，修業二年後即可開始行巫。

三、婦女成巫的條件很嚴苛，限於丈夫曾經擔任過豐年祭的祭主，並且為社眾所推崇，而又得到最高神靈的允許者才能擔負。

四、婦女拜師為徒，要先備禮贈師。

五、師父率領欲為巫的徒弟前往珠仔山等祈告最高祖靈，獲准作為徒弟。

六、自珠仔山返回後請最高祖靈降臨在她家裡受祭，三天三夜閉門不出。

七、欲為巫的婦女晚上開門獨睡，如果祖靈降臨並通知她，批准她作為徒弟，就自行撫摸全身，以代神的撫摸之意。

八、師父經常到徒弟家裡傳授巫術，陪領徒弟到各家作巫，培育徒弟感性知識，從旁學習。

九、徒弟習巫，禱告詞由師父在身旁逐句教授，徒弟高聲唸出來。

十、徒弟學成，再備送一份禮品給師父，巫術學習即告結
　　束，可以獨立行使巫術了。

　　想要成為先生媽的人，都要請師傅帶他到「lalu」去，去時是
坐船前去，若獲得最高祖靈「pacalar」的首肯，則想作先生媽的
這個人會見到最高祖靈，從lalu返途時，同行者要以咳嗽聲和呼喚
祖靈名號回家，這是因為最高祖靈老到年邁耳聾，祇能聽到咳嗽
聲。把最高祖靈請回家之後，先是舉行祭祀，然後請求師傅教導
禮儀，這一夜求巫的人要睡在正廳裡，夜間不可關上門，最高祖
靈「pacalar」會前來顯靈，這位求巫的人若有感應，則可以跟隨
師傅學習祭儀的工作。待學成後，則成了一位先生媽，其學習先
生媽的過程，要經數年始能學成。⑥

肆、邵族女巫之職能

　　邵族負責祭祀「公媽籃」者，就是「先生媽」，即邵族的女巫
師（祭司）來擔任。

　　長久以來，邵族得地利之便，靠著日月潭的觀光人潮就生活
得十分愜意，並且漢化迅速，但是他們仍沒忘記傳統，播種祭依
然是年年舉行，祭典時各家各戶把公媽籃排列在廣場上，由女巫
師們唸咒祈禱。⑦

　　邵族的生命禮俗與歲時祭儀中，皆有嚴謹且隆重的儀式，尤
其是播種祭、除草祭、豐年祭、嚐新祭、狩獵祭等，皆有其一定
的儀式，這些祭儀皆由稱作「先生媽」的女祭師來主持。⑧

　　先生媽要主持族中歲時祭儀，甚至婚喪喜慶、男子成丁、建
築、造船，都要由先生媽來執行祭儀。⑨

　　至於先生媽在現在邵族社會中的職務，主要就是服侍最高祖
靈，並且替族人告解、祈福、除穢等，昔日為族人治病的職能已
在現代醫療方式下式微，先生媽柯碧連說：「邵族的先生媽就和

你們平地人的乩童一樣，咱邵族有人死的時候，要去替他做法事，有人結婚的時候要去替他祝福，還有說有人要建房子，買比較大的東西像冰箱、機車的時候，都會叫我們去。不過，和漢人的乩童不一樣的是，我們先生媽是義務的，童乩可以說自己挑哪裡要做、哪裡不做，我們不行，人若叫我們就要去。像有幾戶邵族住在水里，有一次他們有人結婚，叫我們先生媽要去，我們也是一大早就起來坐車過去。」從柯的談話中，可以了解到先生媽在今日邵族社會當中所負的職務。⑩

　　邵族族人相信他們的最高祖靈「pacalar」居住在「lalu」，即是珠仔嶼（拉魯島）上。⑪

【註釋】

①台灣空中文化藝術學苑《美麗福爾摩沙》第十九期，2002.8。
②鄧相揚《邵族華采》，南投縣風景區管理所，1999.6。
③同②
④同①
⑤范純甫主編《原住民風情》，台北，華嚴出版社，1996.8。
⑥同①
⑦同①
⑧鄧相揚、許木柱《台灣原住民史邵族史篇》，南投，台灣省文獻委員會，2000.12。
⑨同①
⑩國立政治大學民族學系《日月潭邵族民族誌調查報告》，2001.3。
⑪同①

第六章

邵族信仰太子元帥口傳文學

　　日月潭畔的邵族原住民篤信祖靈，而住在水里鄉大平林的十餘戶邵族人卻信奉閩南人的太子元帥，長達百年之久。據當地邵族人傳說這尊太子元帥神像，還是當年太子爺托夢找村民雕刻而成，過程十分傳奇。

　　〈邵族為何膜拜漢人神明〉，鮮明：①

　　　　約在百年前，彰化南瑤宮媽祖繞境，行經水里大平頂山下，聲勢浩大，好奇的邵族人結伴圍觀，還向遠境隊伍討了一支太子元帥的令旗，跟著拜了起來。

　　　　有一回，掌管令旗的族人，夢見太子元帥指示，要求族人前往某處挖掘，族人依言行事，結果挖到一截樟樹頭。邵族人便委託木匠雕成太子爺神像，虔誠膜拜。

　　　　早期，太子元帥神像並無固定棲身之所，由族人輪流保管。據說，日據時代日警經常上山沒收神像，每次都是靠太子爺事先託夢警告，神像才得以倖免於難。

　　　　直到民國七十二年，村民募款蓋了一座龍德宮，神像才有了安置之所，由大平頂上的邵族人、閩南人共同祭祀。

　　　　目前，龍德宮還收容其他數十尊神像，與太子爺並列。對閩南人而言，這尊太子爺或許沒什麼特殊之處，但住在大平頂的邵族人，至今仍對百年前的那段傳奇，津津樂道。

　　關於水里大平林邵族信奉「太子元帥」的經過情形，白宏如〈頭社邵族的宗教信仰〉亦載：②

　　　　隔壁的銃櫃莊，每年秋季照例都要迎媽祖遶境求平安，並唱戲、宴客，本莊的老人因與銃櫃莊的人熟，所以會去做客，看平安戲。

　　　　幾年後，老輩們提議本村也可迎媽祖遶境求平安，

並藉以宴請親友，於是就請了媽祖隨身的令旗一面回莊參拜。

請令旗回莊後，乩童起駕指示要有「金身」，經由「手轎」的帶領，大家摸黑到近雨社山山頂的芒草林內，在「手轎」指定的點上挖找樟樹根，挖了三尺許不見有木頭，想放棄，但「手轎」卻仍在原點上作指示。

於是再挖，終於挖得依山勢而長的樟樹根，樹根模樣有如人參，有手有腳，取下後送請頭社村陳連郡老師的父親雕塑。

可能是神靈顯示，指示要雕當元帥時的三太子，所以頭上戴有帽子，手中持著長槍，兩隻腳踩著風火輪。

神像雕得頗有威嚴樣，不像其他廟裡供奉的都是三太子小時候，所以都稱太子，大平林莊的則尊稱「太子元帥」。如此說來，族人信奉「漢人」的神明，也已經有相當長的時間了。

由於時代的變遷，漢人的遷入，及本地人以水里為活動場所，再加上老輩的凋零，現在，大平林人的生活已和漢人沒有任何不同，不只外在形式的相同，即使內心深處的價值觀想必也無不同，要真有不同的地方，恐怕只在戶口名簿上人名的下方加蓋「平地山胞」戳記罷了。③

【註釋】

①鮮明〈邵族為何膜拜漢人神明〉，中國時報，1998.8.13。
②白宏如〈頭社邵族的宗教信仰〉南投縣鄉土大系叢書之六《南投住民》。
③同②

第七章

邵族禁忌信仰口傳文學

壹、貓頭鷹的禁忌信仰傳說

邵族人之禁忌很多，例如「不得捕殺貓頭鷹與大鷹，因此二種鳥是其祖化身者。」①

唐美君〈日月潭邵族的宗教〉載邵族對於鳥類的禁忌傳說故事：②

> 我們相信貓頭鷹是從前的一個女子變成的，相傳社中有個少女，不知如何懷了孕，爲社人所不齒。因不堪受人侮辱，便走入山中，活活餓死，死後變成一隻貓頭鷹。
>
> 此後凡遇社中有人懷孕她便飛至該户門前鳴叫：至今我們仍信此鳥能預知婦人之懷孕，而不敢加害。又貓頭鷹知山中之路，如射殺之則此人必在山上迷路。

本則不加害貓頭鷹的禁忌信仰，具有畏懼的心理，因恐在山中迷失路途及家中有人懷孕而不知。

本則傳說故事情節要述如下：

一、貓頭鷹是從前的一位未婚少年女子變成的。

二、有一位少年女子，莫名其妙懷孕了，族人都以她爲恥。

三、這位少年女子不堪受人侮辱，便離開了親愛的家人以及族人，遁逃山中，結果活活地餓死了。

四、未婚而受孕的少年女子死後變成了一隻貓頭鷹。

五、這隻貓頭鷹爲恐族人婦女不知道自己懷孕了就要更加保重自己的身子，因此凡遇社中有人懷孕，貓頭鷹便會飛至該户門前鳴叫。

六、因爲貓頭鷹能預知婦人之懷孕而前去通知，因此族人不敢加害貓頭鷹。

七、邵族人俗信貓頭鷹知悉山中之路，因此族人如果射殺之貓頭鷹必會使此人在山中迷路遇難，因此族人不敢加害牠。

貳、大鷹的禁忌信仰傳說

邵族人亦不加害大鷹，因爲大鷹是一位可憐的女孩子變成的：③

　　大鷹是我們社中昔日一個受母親虐待的女孩子變成的。從前社中有一母親，每日命他的女兒到潭畔去提水，其女深以爲苦，但因脅於母親的威嚴而不敢反抗。

　　一天，母親又命女兒去提水，而且哄他說：「快去提水，回來給妳吃鍋巴」，女兒聞說有鍋巴可吃便欣然去潭畔提水，但等女兒提水回來時，其母已將所有的鍋巴吃盡。

　　女兒一氣之下便欲離家，於是把簸箕對半砍開，插在兩腋之下，作爲翅膀，含淚飛向空中而成爲大鷹。

　　她的母親抬頭視之，鷹之淚水落入其目，不久即便病死。

本則不加害大鷹的禁忌信仰，乃因相信牠們是由從前的族人變成的，出於憫憐的意念。

本則傳說故事情節要述如下：

一、大鷹是古昔族中一個受母親虐待的可憐女孩子變成的。

二、母親命女兒到潭畔去提水，騙他說提過水後即給鍋巴吃。

三、女兒想要吃鍋巴，很欣然地把水提回來了，但是她的母親已經全部把鍋巴吃光了。

四、女兒非常生氣，想要離家出走，一走百了。

五、女兒將簸箕對半砍開，插在兩腋之下，作爲翅膀，飛向青天白雲，尋找自由。

六、女兒含淚飛向空中變成爲一隻大鷹。

七、母親抬頭看著女兒變成大鷹飛走，大鷹之淚水落入母親的眼睛，母親受到天譴與報應，不久就病死了。

參、茄苳樹、樟樹、saqis樹及sari'-maw樹的禁忌信仰傳說

不得砍伐茄苳樹、樟樹、S'agis樹、Ari- maw樹，因茄苳樹為祖靈所宿，餘亦有祖靈附存。④

唐美君〈日月潭邵族的宗教〉載邵族人對於植物的禁忌信仰之傳說：⑤

> 他們不敢砍伐茄茗樹、樟樹、saqis樹及sari'-maw
> 樹。茄苳樹是他們祖靈所住的地方，如果砍伐必遭祖靈
> 譴罰；樟樹、sari' maw樹、sari'-maw樹都有魂靈存附，
> 不可侵犯，否則罹病，但也不必對他們作祭，只要不觸
> 犯他們便可平安無事。

本則傳說故事敘述因為茄苳樹是邵族祖靈所住的地方，如果砍伐之必會遭致祖靈的譴罰；至於樟樹、sari'.maw樹、sari'-maw樹等都有魂靈存附，所以不可以隨意侵犯，否則罹患疾病。

從本則故事中的敘述，可知雖然邵族人有神樹信仰，但是邵族人並未實際從事對於神樹的祭拜，只是他們不觸犯神樹以保平安無事。

〈日月潭邵族的宗教〉，唐美君：⑥

> 樟樹之不能砍伐，並非由於其本身具有靈力，而是
> 因其含有香味之故；砍伐之後必致香氣四溢，惡的qa-li?
> 將因此循香味而結集一處為害作物，故不可砍伐。

本則敘述邵族不可隨意砍伐樟樹，一方面是由於它具有靈力，又會散發出香氣，以致惡的qa-li?將因此循香味而結集一處為害作物，故不可砍伐。

〈日月潭邵族的宗教〉，唐美君：⑦

> 樟樹與sari'maw樹浮力很大，為製造獨木舟之最好
> 材料，邵族環水而居，獨木舟是其惟一的交通工具。

爲了保存製造獨木舟之材料，故自昔禁止社人隨便砍伐此二種樹木。日人據台以後，爲保護製造樟腦的原料，故伐樟更不被允許。

本則敘述邵族禁伐樟樹與sari'.maw樹，是由於它們是製作獨木舟的最佳材料，所以不可以隨意砍伐。至日據時代，樟樹爲製造樟腦的原料，所以更加禁止採伐。

肆、邵族播種祭禁忌信仰傳說

邵族播種祭一般都是在農曆的三月一日開始舉行。「播種祭的前三天，全家的人都只能吃沒有加鹽的菜餚及食物，言行也都自我約束務求莊重，希望在播種的開始有個平安順利的兆頭。」⑧

第一天長輩帶著家中孩子往山田象徵性之播種Azaza pulako，這一天稱作Qamhumhum，爲了避開占卜鳥繡眼畫眉在路途中顯示不吉之兆而不能如期舉行，所以要一大早去。

按占卜鳥繡眼畫眉所顯示爲凶兆時則不可舉行播種儀式，這一天大人與小孩都不可吃鹽，若違反則作物將會枯死。

上山的大人及小孩這一天都不能吃鹽，同時上山的小孩必須是還沒有吸食過煙草的，因爲這一天播種的意義，是在祈求作物的繁盛，而鹽和煙草都是對作物有害的。⑨

在上山返家的途中不可攀折花木，否則將引致野獸或昆蟲侵害作物。此日族人亦忌吃豬肉和水果。

播種祭上山大人帶著一個小孩，一方面使年輕一代學會重要習俗，以利文化傳承。

伍、邵族祭儀之禁忌信仰傳說

邵族女巫們在做祭典時，會在祭場的左右兩邊各擺上一支竹竿，這是用以區隔開世俗空間和神聖空間，當在舉行祭儀時，祭

場是一神聖的境地，任何人或是牲畜都不可以隨意穿越而過，否則祖靈會受到驚嚇！

邵族傳統的祭祀活動，有許多的禁忌：例如有些傳統歌謠，只能在祖靈祭進行期間才能唱，唱祭歌為的是告訴祖靈知道現在是過年了，請他們回來接受饗祭，所以平時不能夠唱祭歌，否則祖靈會誤以為要過年了。

早期舂石音衹允許族中婦女為之，男人在這一夜是不能到舂石音的場地來，一律聚集在公廳裡，準備狩獵事務，這一夜男女不得同床。而今邵族的族人已經不再遵循古例，所以舂石音時，男女族人都一起操杵同舂，為了能將此一深具邵族特色的文化風采得以傳承，許多年輕的男女族人，亦加入舂石音的行列，因此族中長者先行上場，再由年輕人操杵舂之。舂完了石音，新的一年即將到來，而邵族人的希望也隨之而來。⑩

邵族的祖靈屋內是神聖的地方，不是邵族人是不可以貿然進入的，邵族人想要進入祖靈屋內，必須先以酒敬告祖靈方得進入。孕婦則不可以進入，如欲懷孕者來求祖靈必能如願；一切牲畜不得進入，不可以嬉笑怒罵，不能放屁和打噴嚏，否則會有不祥的事情發生。

陸、邵族狩獵禁忌信仰傳說

在邵族人中，打獵完全是男子的事，女人絕不參與，但出獵後回社所舉行的酒宴，女子和小孩均可參加。邵族人捕獲的獸類中惟有豹肉禁食，故獲得豹則賣予漢人。猴子可以食用，但孕婦及小孩則禁食。出獵之前必先聽鳥聲，鳥聲在左方則吉；鳥聲在右方則凶，如出獵則遇毒蛇，或為「山番」（按指泰雅族）所偷襲（按指泰雅族）。⑪

柒、其他禁忌信仰傳說

　　忌掉牙齒、觸別人頭髮、孿子、孕婦嚐新米、母雞啼、男子觸織機、女子觸弓箭、打噴嚏等。⑫

　　忌掉牙齒，掉牙則少子女。忌觸別人的頭髮，謂觸人頭髮者會得傳染病。忌孿生，孿生不祥，兩個嬰孩都應棄諸潭中，否則將招來災禍。忌孕婦嚐新收之米，違則該戶之米將在煮時化為清水。忌母雞啼，謂是破財之兆。忌男子觸織布機，違則狩獵無獲。忌女子觸弓箭等武器，謂女子如觸弓箭等武器其身體將變成黑瘦。忌打噴嚏，不吉之兆，欲作一事之際如遇旁者噴嚏則暫停，隔數十分鐘後再作。⑬

【註釋】

①《台灣省通志》卷八〈同胄志・邵族、平埔族篇〉第九冊，台灣省文獻委員會，1972.12。

②唐美君〈日月潭邵族的宗教〉，載於《日月潭邵族調查報告》。

③同②

④同①

⑤同②

⑥同②

⑦同②

⑧簡史朗〈日月潭畔的邵族〉，《台灣月刊》第一八九期，1998.9。

⑨王灝〈邵族的祭儀風采〉，南投縣鄉土大系叢書之六《南投住民》。

⑩鄧相揚〈邵族容顏（中）〉，台灣日報，1998.8.30。

⑪李亦園〈邵族的經濟生活〉，載於《日月潭邵族報告書》，1996.5。

⑫同①

⑬同②

第八章

邵族公媽籃信仰口傳文學

壹、邵族公媽籃信仰之產生

邵族的公媽籃崇拜，是邵族的主要文化特質之一，這種崇拜不見於台灣島上的其它族群，而負責祭祀「公媽籃」的則是被稱為「先生媽」（shinshi）的女祭師來擔任。①

邵族的公媽籃（祖靈籃）信仰是台灣原住民原始宗教最特殊的現象，百年前祖先的遺物（衣物）真實的被留存下來，作為實際的祭拜對象。

按邵族以實際遺物作為祭祀對象的原始宗教，在原住民是很獨特的，邵族的原始宗教發展為公媽籃（祖靈籃）信仰，可能與道教或佛教多少有些關聯。

貳、邵族公媽籃釋義

邵族祖靈所在的籃子，現在叫公媽籃，很清楚叫公媽籃是受到漢人的公媽牌影響產生出來的詞彙，其實邵族的話本來不叫公媽籃，它叫「ulalaluan」，這個詞彙很顯然是從「lalu」來的，「lalu」是祖靈所在的地方，就是前面加前綴詞「u」，「u-lalu」就是拜祖靈，然後「u-lalu」在中間再加中綴「a」後面加後綴「an」，成為「u-la-la-lu-an」這個詞彙，它的意思就轉變成拜的對象，拜的對象就是那個籃子，所以如果按照邵族傳統的話來講，不叫公媽籃，而叫做「ulalaluan」。②

參、邵族公媽籃信仰

邵族人堅信祖靈之存在，每戶邵族家庭皆準備一只籃子，內盛祖先遺留之衣服與飾物，以代表祖靈之存在，凡事必舉行祭祀祈告祖靈。為了祈求祖靈賜福給族人，讓族人都能豐收、豐獵，以及平安健康，族人依序舉行播種祭、除草祭、豐年祭、狩獵祭等歲時祭儀，用以感念祖靈的庇祐。③

邵族人的宗教觀念中，雖然長期與漢人的宗教文化涵化，但在祖靈信仰方面卻仍視祖靈爲一個重要的角色，邵族認爲祖靈能夠保護社眾的安全，並賜福予族人，因此，在族人遇到困難或者家中有重要事務，如建築物翻修、新購家電用品等，族人均會向祖靈告知並祈福，以求安心。在遇到歲時祭儀時，則會恭請祖靈降臨會場以接受族人的奉獻和祈福。傳統上，邵族的祖靈有五位，均爲男性的神。這五位祖靈神分爲1.邵族的最高祖靈，居住在昔日lalu島大茄苳樹下，具有無限權威，也是邵族先生媽求巫祖師pacalar。以及其他的氏族祖靈。2.袁氏氏族的始祖masqa‧ʔ。3.高姓氏族的始族mati‧puluʔ。4.陳姓氏族的始族fuli‧tiʔ。5.毛姓氏族和石姓氏族的共同始祖ʔamu‧lis④

祖靈籃ulalaluwan爲邵族信仰中的一大特色，邵族每戶人家都有一只祖靈籃，一般通稱爲公媽籃，公媽籃都爲藤編製成的，內盛祖先所遺留下來之衣物服飾稱之爲ulaluwan，並以ulaluwan爲祖靈存在的代表。分家之時，公媽籃中的衣飾成爲分割的最重要項目，具先生媽柯碧連說：「不管怎樣，分出去的籃子裡面最少也要有一塊（從原祖靈籃分出去的）布，上面再加其他的新衫也不要緊」，而新戶即以所分得之衣飾各置新籃。⑤

肆、邵族公媽籃傳說故事

〈祖先的家：邵族的公媽籃‧祖靈籃〉，鄧相揚：⑥

　　相傳邵族的祖先原來居住在阿里山附近，在狩獵時爲了逐鹿，因而發現日月潭地區的豐沃，於是舉族遷來居住。

　　初來的時候住在珠仔嶼（今拉魯島），後來族人繁衍而遷居日月潭附近地區，當時頭目的妻子生下一對孿生的男嬰，一個白臉，另一個黑臉。

　　族人的舊俗認為孿生是不祥之兆，而這對孿生的男嬰更是一黑一白，於是頭目就將黑臉的嬰兒投棄到潭中溺死。

　　隔天夜晚，頭目夢見被棄於潭中的黑臉男嬰回來託夢說：「今我已死，此後你及全族每戶人家都必須以一籃放置祖先服飾，作為祖靈之居處而供奉，不得有違，否則會有大禍來臨」。

　　翌日頭目便將此事告訴族人，大家都非常驚惶，於是每戶都準備一籃，置放祖先服飾而供奉，遇到族中有重要祭儀或是醫病時，都以祖靈籃為供奉對象，而邵族的族運也因此逐漸興盛，自此祖靈籃的「公媽籃」奉祀，延續到現在。

本故事是一則邵族傳統習俗溺殺雙胞胎的故事，本則雙胞胎一黑一白也是非常特殊與突出的，邵族人原始初定居於拉魯島（即珠仔嶼）的時候，頭目生下了雙胞胎，溺殺了其中之「黑」者，但是黑男嬰仍然不忘短暫的瞬息人生，要求其父母（頭目）能夠設置「祖靈籃」祭祀之，好讓他能與親人常相左右，庇佑家人。

　　按邵族人相信自家的祖靈就藏在「祖靈籃」裡。邵族宗教信仰的核心是祖靈信仰，亦即最高祖靈和氏族祖靈。祖靈能庇佑族眾，讓族人平安健康，並且賜福給族人，使其代代繁衍並生生不息。

本則傳說故事情節要述如下：

一、邵族的祖先祖居地原來在阿里山附近。

二、邵族的祖先因為狩獵時逐鹿，發現了日月潭豐沃的地方，於是舉族遷移此地定居。

三、邵族的祖先初居拉魯島，頭目生下雙胞胎，一個是白臉，另一個是黑臉。

四、頭目將黑臉的嬰兒投棄到潭中溺死，邵族人避諱生下雙胞胎。

五、黑臉男嬰託夢頭目：「全族每戶人家都必須以一籃放置祖先服飾，作為祖靈之居處而供奉，不得有違，否則會有大禍來臨」。

六、頭目告知族人每一戶準備祖靈籃，放置祖先衣物，並且供奉之。

七、此後邵族遇到族中有重要祭儀或是醫病時，都以祖靈籃為供奉對象至今。

〈公媽籃（祖靈籃）的由來〉，《台灣原住民史邵族史篇》，鄧相揚、許木柱：⑦

　　邵族人剛來Lalu定居的時候，頭人的妻子懷孕生子，生下的是一黑一白的攣生兄弟，這在當時是件大大不祥的事情，於是頭人把黑嬰丟到潭中淹死。

　　第二天夜裏，頭人夢見被丟棄到潭中的黑嬰來託夢說：「今我已死，此後全族每戶人家都必須以一籃置放祖先的衣飾，作為祖靈的居處而供奉之，不得有誤，否則將有大禍。」

　　次日，頭人將此事告知族人，大家都非常驚恐，於是每家都準備一只籃子，內置祖先衣服和飾物，作為祖靈的象徵。

　　此後族人遇有重大事情，都以祖靈籃做為祭告求佑的對象，而族人也因此享有平安、健康且衣食無缺的生活。

【註釋】

①台灣空中文化藝術學苑《美麗福爾摩沙》第十九期，2002.8。

②同①

③鄧相揚、許木柱《台灣原住民史邵族史篇》，南投，台灣省文獻委員會，2000.12。

④國立政治大學民族學系《日月潭邵族民族誌調查報告》，2001.3。

⑤同④

⑥鄧相揚〈祖先的家：邵族的公媽籃·祖靈籃〉，《水沙連漫步》第六期，1996.10.25。

⑦同③

第九章

邵族播種祭與湆鞦韆口傳文學

　　長久以來，邵族因爲日月潭的觀光人潮，迅速漢化，但是他們仍然沒有忘記傳統文化，播種祭依然是年年舉行，祭典時，各家各戶抱著公媽籃排列在廣場上，由女巫師們唸咒祈禱。

　　邵族人三月舉行播種祭與盪鞦韆，鞦韆愈盪愈高，期望帶來豐收，促成好姻緣。

　　由於時代變遷，如今邵族人雖然多數已無耕田，也無地可以耕作，但是祖傳文化儀式不能中斷，邵族人至今仍然舉行播種祭與盪鞦韆。

　　農曆三月初十前後，初一試種的稻種已經長到五、六吋高，邵族人會再舉行隆重的「移植祭」，各家也是在清晨就到山區田裡，把秧苗移植到田園的各個角落。

　　邵族原住民本是種粟（小米）的民族，後來改爲種植陸稻，陸稻撒種在農曆三月初，因此傳統的邵族播種祭也從原先的農曆十二月改爲農曆三月一日。

　　農曆二月三十晚頭目挨家挨戶告知族人次日要舉行播種祭。三月一日清晨五、六時，家中的長輩帶著種子與未成年小孩到稻田，象徵性的指導孩子下田進行播種。

　　返家後，家家戶戶蒸糯米、椿麻糬，並將各家祖靈籃、糯米飯等祭品集合起來集中於祭場，祭祖靈儀式由先生媽（女祭司）祝禱，請祖靈庇佑。先生媽（女祭司）口頌咒語祭祖，告知祖先播種之事，祈求庇祐農作物豐收，族人身體健康。

　　祭祖儀式，一開始，女祭司把各戶的祖靈籃安置在祭場中央，裝有兩塊圓形麻糬的小簸箕則放在祖靈籃前面，接著依照程序進行祭祀工作，念禱告詞祈禱作物成長與族人平安，中途休息後再進行後段祭儀，最後持酒獻給祖靈，請族靈來飲。

　　事實上，從清朝漢人屯墾入侵，到日據時日月潭水力發電工程淹沒舊社土地：一九七六年，邵族最後一塊耕地被徵收作爲山

地文化中心，如今，邵族人在這塊原屬於祖先的土地上重新灑下種子，舉行播種祭儀。這個社會是不是該思考，一個曾經如此重視耕種的族群何以面臨「無地可耕，無地可作」的命運？①

　　神秘的祭祖靈儀式後，接著就是盪鞦韆。邵族人盪鞦韆例由長老或先生媽（女祭司）開始，接著族人男女老少一一參與，活動持續一整天，由兩人手持繩索，站在靠竹竿的地方，繩索一拉一放，協助盪鞦韆者拉扯鞦韆擺動，盪鞦韆者則愈盪愈高。眾人的情緒也在愈盪愈高的盪鞦韆活動中沸騰起來。

　　有一則邵族人播種祭蕩鞦韆的傳說故事：

　　　　邵族人播種祭盪鞦韆，是祈求祖靈讓作物豐收迅速長大，生長很茂密，稻子快快長得又高又大。

　　　　盪鞦韆也是祈福族人多子多孫，身體健朗。傳說盪鞦韆可以去除晦氣帶來好運，而且也可以促成一對男女的好姻緣。

　　　　在播種祭期間盪鞦韆，是期望將來成長的稻桿如鞦韆架一般粗壯，穀粒豐滿，稻穗長得飽滿下垂。而鞦韆的擺蕩就是結實纍纍的稻穗迎風招展，象徵兆豐年。

　　　　鞦韆盪得高，除了象徵稻穗飽滿迎風搖擺外，也是表示祈求愈靈，族人也藉此機會聚會聯絡感情，男女也彼此交際，希望觸發「愛的火花」，促成好姻緣，未婚者可以婚後早生故貴子。

　　　　而已婚沒有子嗣的族人，參加盪鞦韆祭典，則能達其求子的目的，將迅速懷孕。

本則傳說故事情節要述如下：

一、邵族盪鞦韆是祈求作物豐收。

二、邵族盪鞦韆也是祈福族人多子多孫。

三、盪鞦韆可以去除晦氣帶來好運

四、盪鞦韆可以促成一對男女的好姻緣。

五、盪鞦韆是期望將來成長的稻桿如鞦韆架一般粗壯，穀粒豐滿。

六、鞦韆的擺蕩就是結實纍纍的稻穗迎風招展，象徵兆豐年。

七、鞦韆盪得愈高，表示祈求愈靈。

八、族人藉此盪鞦韆機會聚會聯絡感情。

九、沒有子嗣的族人，參加盪鞦韆可得子。

　　邵族的鞦韆是四枝長約四、五丈的麻竹搭設，由族中勇士在盪鞦韆廣場上挖深洞將竹竿豎起架設起來，再以水泥的混凝土把竹子的四個地基固定好（為了牢固起見）竹竿稍微向內傾斜，再用葛藤編成的繩索，爬上桿頂，將四枝竹竿交會處綁牢在一起，然後在交會處繫上一根粗繩子垂下，粗繩下端縛上一根橫木（簡單的座椅），粗繩的兩邊繫有小繩子，這根橫木是要供盪鞦韆的人坐，兩邊的細繩則是要讓旁邊的人搖擺用的使力點，另外，為了要祈禱作物豐收，鞦韆上也要縛上一束稻子。

【註釋】

①趙宏禧、楊依萍〈邵族播種祭熱鬧滾滾〉

第十章

邵族九龍與水精口傳文學

壹、邵族九龍傳說故事

日月潭有九龍潛跡的堪輿地理傳說，日月潭四周圍群山環抱，四方山脈若群龍會聚，拉魯島在潭中，恰似明珠，所以有日月潭中有九龍的傳說。

「龍」是古中國尊貴的象徵，九龍更是只有天子皇帝才配使用的符號與圖騰。勘輿學上有所謂的「九龍朝案」、「九龍朝元」之類的地理形勢，大皆代表極高的尊貴之地，氣象萬千，其地有孕生領袖人才之可能。

而其中青龍山形勢，左爪拋珠（拉魯島）、右手掌印（石印），左有月潭，右有日潭，前面鳳凰朝迎，若龍鳳交會之狀，是故青龍山稜線上，有慈恩塔、玄奘寺、玄光寺所形成的宗教公園。

民國五十七年，趙恆資政奉先總統蔣中正先生之命，在日月潭青龍山建慈恩塔；據說事與國運相關。慈恩塔是日月潭大中國意識表徵，也是日月潭的地標。

據勘輿地理師謂：慈恩塔座下被安置八卦，用以鎮壓地理龍氣，故而此處不致於誕生與當朝抗衡的真龍云云。

南投是台灣的中心，日月潭又位居南投的心臟，成為「天地會母、九龍朝元」之地，其鍾靈毓秀的山水人文，可說是台灣人靈魂生養的龍池，稱為「台灣總天池」，將為台灣開創母神信仰的新天地，發揚母性慈愛關懷的光輝，能安定社會人心、造福國家。

頭社是青龍山脈的延伸，為前司法院長林洋港出生地；相傳其競選總統之前，祖墳墓碑上浮現龍紋云云，曾演出一段民間廣為流傳的龍脈地理大戰的總統選戰戰外戰。

貳、邵族水精傳說故事

〈日月潭長髮人魚的傳說〉，《台灣先住民腳印》，洪英聖：①

　　毛老先的妻子劉秋香為漢人，她出生才四十天就被
毛老先的父母收養，長大送作堆，小時在潭邊撿蛤仔
時，她說她們都不敢到石印的地方，因為長輩們告訴她
們，說那塊方方的大石頭，太陽出來時，有一種「人面
魚」會出來坐在石頭上曬頭髮。

　　她說，長輩們說這種人魚的頭髮很長，身體是魚，
但卻是女人的頭和臉。所以她們都很害怕，不敢到石印
的大石頭那邊，只敢遠遠地看過去，但也沒有看過那種
人魚，只是聽說而已。

本則傳說故事敘述：

一、　石印地方有塊方方的大石頭，太陽出來時，有一種「人
　　　面魚」會出來坐在石頭上曬頭髮。

二、　「人面魚」的頭髮很長，身體是魚，但卻是女人的頭和
　　　臉。

　　邵族為了能享有平安健康的生活，並且能夠豐衣足食，除了
崇祀祖靈之外，亦對超自然保有敬畏與崇敬之心，尤其族人大都
居住在日月潭畔，因此對於水精和黑精視為惡靈，而加以崇敬。②

　　邵族稱超自然物為qu‧liʔ，所指的範圍包含了善、惡兩種。
善的qu‧liʔ稱為maqi‧tan a qu‧liʔ，如最高祖靈即屬於善的qu‧
liʔ，惡的qu‧liʔ則稱為matinatinaq a qu‧liʔ，如全身黑色，會使人
生病的黑精matinatinaq a qu‧liʔ，及在水中會翻舟溺人的水精。而
qu‧liʔ的來源，有部分是原本就存在於社中的，而有部分則是人
死後變成的；善良之人死後變成善的qu‧liʔ，惡人和橫死之人，
死後變成惡的qu‧liʔ。③

134

【註釋】

①洪英聖《台灣先住民腳印》，台北，時報文化出版企業有限公司，1993.9。

②鄧相揚、許木柱《台灣原住民史邵族史篇》，南投，台灣省文獻委員會，2000.12。

③國立政治大學民族學系《日月潭邵族民族誌調查報告》，2001.3。

第十一章

邵族矮黑人口傳文學

邵族人稱呼矮黑人為「Okauhia」，邵族人有關矮黑人的的傳說亦甚豐富，邵人講說故事也常述及矮黑人故事。

〈小黑人堅守日月潭家園的故事〉，《台灣原住民史邵族史篇》，鄧相揚、許木柱：①

邵族的祖先尚未移居水沙連以前，最先居住在日月潭的是一群小黑人，他們也是居住在Lalu（珠仔嶼，今光華島）附近。

邵族移來之後，兩族族人相處甚佳，並非常歡迎邵族的人到他們的部落去作客，大家交談甚歡，和樂融融。

不過他們常常囑咐邵族人說：「若要來我們這兒作客或遊玩，一定要事先通知我們，不可擅自前來，否則將有災難發生。」

幾年之間，兩族的族人互有來住，感情也與日俱增。然而，有一次因有急事，未來得及通告，邵族的人便自行前往，小黑矮人個個倉皇失措，急急忙忙地奔跑到各人的木臼處，坐在木臼上。

不幸的是有幾位小黑矮人，由於太過慌張，未能坐穩而摔了下來，不慎壓斷了尾巴，這幾位斷了尾巴的小黑矮人抱著屁股哀嚎的跑開。

小黑矮人的首領非常生氣，乃對邵族的人下逐客令。從此以後，他們對邵族的人相當的不友善，兩族便不相往來。邵族人一再向他們道歉，小黑矮人非但不理會，更是惡言相向。

自此以後，邵族人真的失去了純樸、善良的好鄰居，更失去了溫和、可貴的好朋友。

由於小黑矮人個個都長有尾巴，這是他們的祕密，

也深怕別族恥笑他們，於是祇要有客人來訪，都要事先約定，客人來訪前，小黑矮人都坐在木臼上，而木臼裡有一個洞，正好可以把尾巴隱藏在其中，如此則不被別族發現。

　　難怪邵族人不速造訪，導致小黑矮人驚慌失措，壓斷了尾巴，使小黑矮人感到憤怒和羞怯。

本則傳說故事情節要述如下：

一、矮黑人比邵族人早先住在日月潭拉魯島附近。

二、邵族人遷徙至水沙連即與矮黑人相處融洽。

三、矮黑人眞誠歡迎邵族人到他們的部落去作客。

四、矮黑人囑咐邵族人前來作客，必須事先通知他們，如果擅自前來將有災難發生。

五、有一回，邵族人有急事，便未通知矮黑人就前來了。

六、矮黑人一時倉皇失措，急忙奔跑找到自己的木臼坐上去。

七、有幾位小黑矮人壓斷了尾巴，而抱著屁股哀嚎跑開。

八、原來矮黑人要邵族人來時要事先通知，以便好讓他們有充分的時間先坐在臼上，而不讓邵族人看到他們引以爲恥的尾巴。

九、矮黑人對於邵族不速之客非常憤怒和羞怯，兩族遂互相不往來。

十、歷史上的矮黑人在哪裡了呢？還有待查證。

　　邵族的傳說，除了矮黑人之外，還有更矮只有二尺半的「海龍王」，因爲日月潭是他的天下，所以邵族祖先稱呼這些小矮人爲「海龍王」。②

　　〈「烏狗蟻」矮黑人的鄰居：邵族〉，《台灣先住民腳印》，洪英聖：③

　　日本與台灣的學術界曾推測，台灣早期「原住民」「矮黑人」，很可能在一、兩百年前滅絕，但是一九九三年的一次田野調查報告，可能推翻這項推測，並將台灣矮黑人的滅絕年代延後一百年。

　　也就是台灣一直到一九三四年仍然有矮黑人的「目擊報告」。目擊者不是漢人，而是日月潭邵族第五代頭目袁阿送，他目擊的矮黑人，人數多達一百個，可能創下清代以來有關台灣矮黑人文獻的任何數字。……

　　根據邵族袁福田說，他的祖父「袁阿送」是真正的「目擊者」。由於他的父親年輕時就到外地工作生活，很少回來，所以他從小就是跟在祖父袁阿送的身邊，由祖父一手帶大，包括打獵、睡覺都和祖父在一起，甚至邵族的名字也沿用祖父「阿送」一名。

　　他的祖父去世前，曾經要他的父親回來接頭目，他的父親向祖父說，因工作長年在外縣市，沒辦法回來照顧族人，也沒辦法依照傳統辦理各項年節慶典儀式，所以希望直接由袁福田接袁家頭目，因此由第五代「跳傳」給第七代。

　　袁福田說，他的祖父生二個兒子，他父親是長子，在十幾年前去世。他的叔叔在日據時期日本徵召到南洋戰爭，一去無回。

　　邵族傳統的名字一般是祖孫聯名制，也就是祖父的名字由長孫直接纜承，所以第五代和七代頭目都叫「ASANG」同一個名字，使族人永遠不會忘記自己的「遠祖」，並可以由祖先的名字中「認親」，避免「亂倫」。

　　老頭目為了訓練將來要接棒的小頭目，往往帶他出生入死，讓他看看場面，了解甚麼是真正的危險及求生

之道，以及如何把文化傳承給族人，尤其必須把族裡祖先的口傳歷史，原原本本一代傳一代，不得加油添醋，也不得遺漏重要的口傳祖訓，因為邵族的「頭目」是世襲的，生為「頭目」，就有負起種族興衰的天賦使命。

當年，老頭目袁阿送告訴十歲的袁福田，邵族原本住在今天日月潭光華島的西側潭底，以前光華島的一座雄偉美麗的「珠仔山」，邵族就住在山腳下，長達三百多年。

日本人為了要建水庫，才把邵族遷村到今天的德化社。距今（一九九三年）已經六十年。

老頭目告訴小頭目袁福田，在今天光華島東南方潭底的山壁洞內，住著一種高二尺半到三尺的矮人。

這些小矮人皮膚很黑，就像黑炭，臉部也是，而且好吃懶做，一天到晚沒事幹，就在「日月河」玩水、游泳，還會偷邵族人的東西。

水庫興建以前，日月潭只有一條幾十甲左右的大河，興建後，水面寬八百甲。日本人興建水庫之前，這些小黑人經常從壁洞出來玩，後來小黑人又開始挖山洞，把挖出來的泥土，搬到今天日月潭西測頭社那邊堆放，以免泥土太靠近河岸，被河流沖刷，造成淤積。

搬運泥土的小黑人多達一百多人，又在洞口出出入入，遠遠看去，很像「黑螞蟻」，所以邵族把他們叫做「烏狗蟻」（邵族在清代就開始講河洛漢語，「烏狗蟻」就是黑螞蟻的台語）。

根據日本古代文獻記載，日本人看見日本本土的矮黑族在洞口進出，有如「蜘蛛」一般，所以日本人把古代的日本矮黑族叫做「黑蜘蛛」。

台灣的邵族把台灣日月潭的矮黑族形容為「黑螞蟻」
實在「寫實」、生動而且貼切。

本則傳說故事情節要述如下：

一、邵族原本住在今天日月潭光華島的西側潭底，邵族就住
在山腳下，長達三百多年。後日本興建水庫，邵族遷村
至今德化社。

二、在今天光華島東南方潭底的山壁洞內，住著一種高二尺
半到三尺的矮人。皮膚很黑，就像黑炭，臉部也是。

三、小黑人經常從壁洞出來玩，後來小黑人挖山洞，把泥土
搬到日月潭西測頭社那邊堆放，以免泥土太靠近河岸，
被河流沖刷，造成淤積。

四、搬運泥土的小黑人有一百多人，在洞口出出入入，遠遠
看去，很像「黑螞蟻」，所以邵族把他們叫做「烏狗蟻」
（黑螞蟻）。

〈神秘的花雕巨石印證當年的「石印」社地名嗎？〉，《台灣
先住民腳印》，洪英聖：④

邵族傳說中的日月潭矮黑族居住的「洞」非常深，
非常長，從以前的「石印」社山腳下附近，有一個「入
口」洞，沿著山壁一直通到頭社大坪林的山腳，有一個
「出口」洞，兩個洞沿線彎彎曲曲大約長達三千公尺。

邵族在清代的「石印」社的社名非常耐人尋味，有
的人認為可能是邵族人豐年祭舂米「擊杵石」，發出「石」
頭的敲擊「聲音」，所以把「石音」誤記為「石印」。或
者取它的諧音所致。另有一種說法，是傳說有一塊石頭
像印章的形狀，這個說法似乎較接近實際狀況。

根據邵族第五代頭目，袁阿送的目擊口傳報告中指
出，矮黑人的入口洞穴，就在邵族「石印」社附近，而

且入口處前面豎立一塊圓形（毛老先則說是四方形）的大石頭，上面刻有像文字一般奇怪的花紋，而且隨時都有兩三個矮黑人看守著這塊刻有花紋的大石頭，「石印」名的由來，可能與它有關。

根據袁阿送告訴袁福田的目擊情形，當時（清朝時代，日本人興建日月潭水庫之前），日月潭一帶已經有漢人進入「日月河」捕魚，因此這一帶同時有邵族、漢族、矮黑族在此生活，共同利用「日月河」。

邵族人非常尊重矮黑族的生活圈，從來不去打擾他們，矮黑人浪漫優閒的生活方式，邵族頭目袁阿送對矮黑族所下的評語是「遊手好閒」「不務正業」。

袁阿送曾經看到一個捕魚的平地人（漢族），發現矮黑人的「花雕大石頭」之後，三番兩次假借捕魚路過，偷偷跑來看，好像想趁機「偷」走這塊「花紋寶石」，結果被看守「石頭」的矮黑人警告，意思就是如果平地人第三次再跑來這裡「偷看」這塊石頭，他們要把偷看者拖下水裡活活淹死。那個捕魚的平地人才不敢再去看那塊「花雕大石頭」。

據邵族第七代頭目袁福田表示，雖然他本人沒有親眼看到那塊「花雕圓石」，但是根據他祖父的研判，「花雕圓石」很可能就是矮黑族入口洞穴的「石門」。（也有可能是社族的標誌或圖騰）。……

從德化社（舊名卜吉）往慈恩塔方向約四公里路程，抵達碼頭，就在今天光華島南方潭邊凸出岸，就是矮黑人入口洞，洞的前方有一個「花雕大圓石」，圓石的東鄰就是當年的邵族「石印」社遺址，如今「洞口」、「花雕石頭」、「石印社」三者都已經沒入潭底十餘丈深的地方。

（日月潭原本是一座山谷，潭底最深處達十九丈深）。

另一個「出口洞」接近今天日月潭南端水里鄉的「頭社」（附近有大坪林）山壁。

袁福田指出當年住在大坪林的邵族人最接近矮黑人的「出口處」，目前還有十一戶邵族人居住該地，他們的老一輩族人可能還能提供一些矮黑人的傳說或目擊資料，因為日月潭矮人直到水庫興建後才完全「失蹤」。

本則傳說故事情節要述如下：

一、邵族傳說中的日月潭矮黑族居住的「洞」非常深，非常長，彎彎曲曲大約長達三千公尺。

二、矮黑族居住的「洞」從「石印」社山腳下附近有一個「入口」洞，沿著山壁一直通到頭社大坪林的山腳，有一個「出口」洞。

三、矮黑族居住的「入口」洞前面豎立一塊圓形的大石頭，上面刻有像文字一般奇怪的花紋，隨時都有兩三個矮黑人看守著這塊刻有花紋的大石頭。

四、矮黑人的生活浪漫優閒。

五、有一漢人發現矮黑人的「花雕大石頭」，三番兩次假借捕魚路過，想趁機「偷」走這塊「花紋寶石」，結果被看守「石頭」的矮黑人警告，才不敢再去看那塊「花雕大石頭」。

六、「花雕圓石」很可能就是矮黑族入口洞穴的「石門」。

七、日月潭矮人直到水庫興建後才完全「失蹤」。

〈日月潭長髮人魚的傳說〉，《台灣先住民腳印》，洪英聖：⑤

在德化社的耆老毛老先，原本是頭社人，小時送給德化社毛家當養子，……他說矮黑人發現日月河水位升高，恐怕淹到他們的山腰洞口，於是在今天出水口附近

日月潭與頭社的「界山」，找一處較薄的山壁，想挖一個洞，使日月河過高的水可以由山洞洩洪到下游的頭社地區。後來日本人來了，他們就無緣無故消失了。

本則傳說故事敘述矮黑人曾經在今天出水口附近日月潭與頭社的「界山」，找一處較薄的山壁，想挖一個洞，以由山洞洩洪日月河升高的水位到下游的頭社地區。但是日本人來了之後，他們就無緣無故的消失了。

關於日月潭邵族傳說中消失的矮黑人，我們仍以洪英聖先生《台灣先住民腳印》載〈日月潭矮黑人被「集體活埋」〉作爲結論：⑥

水庫興建當年，日本政府命令住在光華島潭底的邵族全部遷村，移居今天的高地德化社（舊稱卜吉），一九三四年完工後，出水口完全封閉，日月潭水面大幅漲高，由原來的十餘甲面積，擴張爲八百甲面積，水深由原來的一丈升高達十九丈，淹沒潭底的邵族三百多年歷史的村落與田園。

由於日本政府沒有日月潭矮黑族的資料，因此無法強制矮黑族遷村，筆者（洪英聖）原以爲，可能矮黑人不知會有如此巨大的水庫，因此當水庫完成，水位猛漲，終於「淹沒」矮黑人居住的壁洞洞口，造成全部滅絕的慘劇。

但是頭目袁福田不以爲然，他堅信，水淹不死「矮黑人」，因爲矮黑族很小很小時，就都在水中玩耍，甚至可以潛水潛得非常深，也非常久，因此他認爲矮黑人一下子全部不見了，較合理的解釋，應該是：

水位上升後，山壁泥土坍崩，把矮黑人的穴居山洞及出入口堵住，大多數可能遭到「活埋」，沒有死的殘存

者，從此也不敢再住在這個可怕的地區，而不知去向了。

他說，如果今天要挖掘矮黑人的屍骨，可能沒辦法做到，因為在日月潭南端頭社的矮黑族出口洞，現在政府每年都須要幫水壩灌漿一次，否則一出現裂縫，水庫的水立刻會沖垮水壩，大水立即淹沒下游的頭社和水里。況且挖掘十九丈深的潭底，更不是容易之事，尤其每一年潭底的泥土堆積，不知已經堆多高，更非易事，但是他確信，他祖父當年目擊矮黑人的地點相當肯定。

毛老先則指出，石印社洞口前的大石頭，幾年前水庫水位降低後，那塊巨形方石還會露出水面，現在日月潭改用「循環水」之後，水位不再大幅降低，因此巨石已經好幾年沒有「露頭」了，但如用「聲納」或潛水夫，應還可找得到。

筆者（洪英聖）推測，當年清代記載邵族「石印」社地名時，是否邵族人指稱該社位在一個大「石」頭的地方，這個大石頭上又刻有字形的花紋，有如「印」章，地名記錄者，是否有可能依據村人所指的這個特徵，而記載為「石印」社呢？

本則情節要述如下：

一、矮黑人的消失洪英聖先生認為日本政府沒有矮黑族的資料，因此無法強制矮黑族遷村，又矮黑人可能不知會有如此巨大的水庫，因此當水庫完成，水位猛漲，終於「淹沒」矮黑人居住的壁洞洞口，造成全部滅絕的慘劇。

二、袁福田頭目認為日月潭水位上升後，山壁泥土坍崩，把矮黑人的穴居山洞及出入口堵住，大多數可能遭到「活埋」。其餘者不知去向。

【註釋】

①鄧相揚、許木柱《台灣原住民史邵族史篇》，南投，台灣省文獻委員會，2000.12。

②參洪英聖《台灣先住民腳印》，台北，時報文化出版企業有限公司，1994.3.三刷。

③同②

④同②

⑤同②

⑥同②

第十二章

邵族變異口傳文學

壹、未婚少女懷孕變老鷹

〈日月潭邵族的宗教〉，唐美君：①

　　我們相信貓頭鷹是從前的一個女子變成的，相傳社中有個少女，不知如何懷了孕，爲社人所不齒。

　　因不堪受人侮辱，便走入山中，活活餓死，死後變成一隻貓頭鷹。此後凡遇社中有人懷孕她便飛至該戶門前鳴叫。

　　至今我們仍信此鳥能預知婦人之懷孕，而不敢加害。又貓頭鷹知山中之路，如射殺之則此人必在山上迷路。

　　本則傳說故事中的未婚少女，莫名其妙的懷孕了，不過她是一位純潔高雅的女子。少女不堪族人對她之侮辱與投以異樣的眼光，於是遁逃山林，一個柔弱的女子在山中活活餓死了，她死後變成一隻貓頭鷹。不過她還是很懷念人間懷孕的婦女，凡遇社中有人懷孕她便飛至該戶門前鳴叫，警示要注意身子，才能順利生產。

貳、小孩變老鷹

〈小孩變老鷹〉，《台灣原住民史邵族史篇》，鄧相揚、許木柱：②

　　古時候，有個邵族的小孩非常懶惰，他的母親在捻麻線的時候，這個小孩從來不會幫忙母親織苧麻線。

　　有一次，母親生氣了，狠狠的責備了一頓，小孩子傷心氣惱的爬到屋頂上去，把竹子編成的圓扁形畚箕剖成兩半，插在兩腋下，變成一隻老鷹飛走了。

　　從此以後，邵族人深信天上高飛的老鷹是小孩子的化身，因此他們打獵時也從不傷害老鷹。

　　本則傳說故事敘述懶惰的小孩從來不會幫忙母親織苧麻線，母親責備了他一頓，小孩子傷心的把竹編畚箕剖成兩半，插在兩腋下變成一隻老鷹飛走了。

參、女孩變老鷹

〈小孩變老鷹〉，《台灣原住民史邵族史篇》，鄧相揚、許木柱：③

　　　　很早以前，部落中有一位刻薄的母親常虐待自己的女兒，要她做很多事情又不給飯吃，女兒因爲母親的凶悍和威嚴也不敢反抗。

　　　　有一天，母親命女兒去潭邊提水，哄她說：「快去提水，回來了讓妳吃鍋巴！」女兒已經好幾天沒吃飯了，強忍著飢餓到潭邊去提水，哪曉得辛苦地從潭邊提了水回來，發現母親一個人把所有的飯和鍋巴都吃光了。

　　　　女兒氣極了要離開這個家，她把畚箕剖成兩半，插在兩腋作爲翅膀，變成一隻老鷹，含淚飛向空中而去，這時刻薄的母親跑出屋子，抬頭看她的女兒，老鷹的淚水剛好掉入母親的眼中，不久這位母親就生病死了。

　　本則傳說故事認爲老鷹是族中一位可憐的女孩變成的。這位可憐的女孩母親騙她去提水後會給予鍋巴吃，結果沒有給她吃，她一氣之下把畚箕剖成兩半當翅膀，變成了老鷹飛走。

〈小孩變老鷹〉，《邵族華采》，鄧相揚：④

　　　　老鷹是族中一位可憐的女孩變成的：很早以前，部落中有一位苛薄的母親，常虐待自己的女兒，要她做很多事情又不給飯吃，女兒因爲母親的凶悍和威嚴也不敢反抗。

　　有一天，母親命女兒去潭邊提水，哄她說：「快去提水，回來了讓妳吃鍋巴！」

　　女兒已經好幾天沒吃飯了，強忍著飢餓到潭邊去提水，那曉得辛苦地從潭邊提了水回來，發現母親一個人把所有的飯和鍋巴都吃光了。

　　女兒氣極了要離開這個家，她把畚箕剖成兩半，插在兩腋作爲翅膀，變成一隻老鷹，含淚飛向空中而去，這時刻薄的母親跑出屋子抬頭看她的女兒，老鷹的淚水剛好掉入母親的眼中，不久這位母親就生病死了。

本則故事與上則傳說相似。

肆、青年勇士變占卜鳥

唐美君〈日月潭邵族的宗教〉載有關鳥占的傳說故事：⑤

　　M'asu-niʔ鳥是從前我們社裡的一位青年勇士死後所變成的。此鳥身體羽毛黑白相雜，頭部灰色雙眼發光，懂得人意，能預知禍福。

　　我們出外之時如遇此鳥鳴於左邊則爲吉兆，此行定能如願。反之，如遇此鳥鳴於右邊則爲凶兆，須折返，否則必遭不利。

　　相傳古時我們的祖先於一次出草獵頭時遇M'asu-niʔ鳥在右邊路旁跳叫，初不知其意，繼續前進，結果這次出草大爲失敗。

　　自此以後漸注意此鳥之鳴聲，屢試之乃知其意，因此敬爲靈鳥。

本則傳說故事謂占卜鳥M'asu-niʔ鳥是從前邵族的一位青年勇士死後所變成的。這種鳥頗通人性，後來變成了邵族人行事或出草時的占卜鳥，以決定行止。

【註釋】
①唐美君〈日月潭邵族的宗教〉，載於《日月潭邵族調查報告》。
②鄧相揚、許木柱《台灣原住民史邵族史篇》，南投，台灣省文獻委員會，
　2000.12。
③同②
④鄧相揚《邵族華采》，南投縣風景區管理所，1999.6。
⑤同①

第十三章

邵族鬼靈口傳文學

壹、邵族鬼靈也會憤怒

〈憤怒的祖靈傳說〉,《台灣先住民腳印》,洪英聖:①

　　幸春英舉出一個祖靈籃「顯靈」的真實例子,她說:水里鄉邵族大坪林社曾經有一戶邵族人家,因為家中有了漢式的公媽牌,就把祖傳公媽籃「燒掉」,結果激怒了「祖靈」,而發生一件不幸的事與奇怪的傳說。

　　幸春英說,以前,尤其日本掠台的時期,日本政府曾四處收購邵族人的公媽籃,後來甚至要求邵族人把公媽籃全部燒掉,改拜日本的神社和天皇。

　　有人就把公媽籃燒掉,其中有一個婦人,在燒掉祖靈籃之後,她的女兒無緣無故就發瘋,後來治癒,也嫁人了,但過不久,卻又服藥自盡了。

　　另外一位婦人到處鼓吹,只要有漢式的「公媽牌」,就可以燒掉公媽籃。結果她許多次夢見自己往地獄走,走到第五殿(……邵族文化受到漢人佛教文化影響),突然看見三名高大的邵族男性,一人拿著弓箭,一個拿著斧頭,一個拿著彎形刀向她怒目而視。

　　她嚇得醒過來,於是把夢中的情形向大家說,也不敢再提「燒公媽籃」的事,並且把公媽籃恢復,放在公媽牌旁邊,永遠崇拜。

　　她說,邵族人相信祖先不一定喜歡「公媽牌」,因此公媽籃不能丟棄,至今,公媽籃如果不是擺在公媽牌左側,就是把它另外懸掛起來祭祀。

　　也因此形成邵族家中「漢式公媽牌」與「邵式公媽籃」共存的有趣畫面,也是台灣各族文化中「獨具」的文化特色。

本則傳說敘述有些邵族人欲放棄自己的祖先信仰(祖靈籃信

仰或公媽籃信仰），結果祖先鬼靈顯靈處罰或糾正族人。

本傳說提到了三件事：

一、水里鄉邵族大坪林社有一戶邵族人家，因家有了漢式公媽牌，欲把祖傳公媽籃「燒掉」，激怒「祖靈」，而發生一件不幸的事。

二、日據時提倡信仰日本的神社和天皇，邵族有人把公媽籃燒掉，有一婦人的女兒無緣無故就發瘋，後來雖然治癒了，並且也嫁人了，但是過不久，卻又服藥自盡了。

三、有一婦人鼓吹只要有漢式的「公媽牌」就可以燒掉祖傳的公媽籃，結果夢見自己往地獄走，走到第五殿看見三名高大的邵族男子，一人拿著弓箭，一個拿著斧頭，一個拿著彎形刀向她怒目而視。

本則傳說故事值得注意的是，日據時代日本人為加速強化台灣皇民化，因此也從宗教信仰對台灣人進行皇民化，例如鼓勵邵族人把公媽籃全部燒掉，改拜日本的神社和天皇。雖然當時有人改信了神社與日本佛教，不過邵族人是具有堅韌的民族性格，不會輕言放棄了自己的原始宗教。至今他們仍然堅持信奉自己的祖靈，我們也冀望邵族人發揚光大祖靈籃信仰，因為祖靈籃信仰才是邵族人民族文化的根源。

白宏如〈頭社邵族的宗教信仰〉載頭社邵族祖靈的故事：②

　　有個福佬人向我們……買了一隻豬回去「謝神」拜天公，乩童起駕後，馬上告訴主人這隻豬已經被……（邵族）鬼吃光了，不能用來拜神，所以不能說拜祖靈是迷信。

本則故事謂邵族祭拜祖靈絕對不是迷信而崇仰祖先。有一位漢人向邵族人買一頭豬準備以這隻豬謝神拜祖先，乩童起駕後就說這隻豬不能用來謝神，因為這隻豬已經被邵族鬼吃光了。

白宏如〈頭社邵族的宗教信仰〉載頭社邵族祖靈的故事：③

我們庄子裡，早期並沒有拜媽祖，唱平安戲，第一次唱平安戲後，庄子裡極不平安，病的病，死的死，常常要埋葬死人。

因為平安戲演出的花臉，拿著大刀，把祖靈給嚇壞了，祖靈認為子孫不孝，大大不悅，於是懲罰族人，後來經先生媽向祖靈稟報眞情，才安靜下來。

本則是水里大平林的傳說故事，或許是巧合，也或許眞是邵族祖靈懲罰族人。本故事謂水里大平林邵族初期沒有信仰媽祖及平安戲行事，在本庄第一次唱平安戲後，庄子裡就極不平安，患病的患病，死亡的死亡。為什麼會這樣呢？蓋演戲者的花臉、大刀嚇壞了祖靈而引起祖靈不悅，於是懲罰族人。庄裡不平安了一陣子，經過先生媽向祖靈稟報眞情後，庄裡才逐漸平靜了下來。

貳、邵族鬼靈會降瘟疫

《台灣先住民腳印》，洪英聖：④

在茄苳樹被鋸斷這一年，邵族聚落一個婦女生雙胞怪胎，一個嬰兒全身都是黑色，另一個全身都是紅色，嬰兒頭髮卻是白色。

邵族相信雙胞胎已經不吉祥，出現白髮「紅黑雙胞」更嚇壞族人，於是立刻把這兩個怪嬰活埋。

但是接二連三，村裏總共出現五對雙胞胎，雖都以活埋方式處理，但許多邵族人害怕，珠仔山麓的聚落也發生瘟疫，死許多人，於是邵族，紛紛搬離原來的聚落，往外散居，人口大幅滑落。

有的搬到附近的水門、有的去石印、有的到頭社，有的到貓蘭。都在日月潭四周一帶。

　　本則故事爲回憶性質的故事，也記憶著當年族人離開珠仔山的原因就是聚落發生瘟疫，不得不往外散居至水門、石印、頭社、貓蘭等地。

　　本則故事謂邵族聚落一個婦女生一黑一紅雙胞怪胎，於是活埋他們，不過村裡又接二連三生出五對雙胞胎，也都是以活埋的方式處理，但是後來珠仔山麓的聚落發生了瘟疫，死了許多的邵族人。這或許是鬼靈降下瘟疫懲罰邵族人濫殺雙胞胎的殘忍行爲。

　　古代醫學知識不足，因此視雙胞胎爲不正常的生育，認爲是鬼魅之類，因此殘殺之，如今醫學知識已足，知道了雙胞胎也是正常的生育行爲，已經不再殘殺雙胞胎。不過邵族的人口自古未見增多，這或與他們殘殺雙胞胎有關。

　　邵族的人口在過去三、四百年間從未超過二千人，清道光年間更因瘟疫流行，人口降至千人以下，民國之後又因和外族通婚，目前僅剩二八三人。

　　現今邵族的總人口數不超過三百個人，在全台灣三十五萬原住民中算是少數，更不用說在全台灣二千二百萬人口中，她更是顯得微乎其微了。

　　在台灣原住民族群中，邵族是人數最少的族群，漢化也最深。目前邵族只有二百八十三人，是全台灣最袖珍的原住民族群，也可以說是全世界最袖珍的族群。

　　曾文溪畔的黑面琵鷺有三百二十七隻，是名列世界級的保育類生物，國內外生態保育人士呼籲政府將該地區劃爲保護區，因此溪口濕地因地而劃出保育區，工業用地因地而改編重劃。

　　而我們日月潭畔的邵族總人口數不到三百人，國人卻好像沒什麼感覺一樣，邵族人也沒有因此而得到特別的扶持和照顧。邵族的族群和文化若一旦滅絕，則將是全人類的重大損失，也將是中華民國政府的恥辱。

　　僅剩下二百八十三人的邵族人口，難道不如曾文溪畔的黑面琵鷺嗎？南投縣政府應當要把邵族當作最重要的文化資產，否則就是滅絕一個種族的直接劊子手！歷史上不能赦免的罪人！

【註釋】

①洪英聖《台灣先住民腳印》，台北，時報文化出版企業有限公司，1994.3.三刷。

②白宏如〈頭社邵族的宗教信仰〉南投縣鄉土大系叢書之六《南投住民》。

③同②

④同①

第十四章

邵族無盡的沉痛與哀思口傳文學

壹、邵族少女純潔的悲情

〈貓頭鷹的故事〉,《邵族華采》,鄧相揚:①

很早很早以前,邵族的部落裏有位非常漂亮的少女,這個少女還沒有結婚卻懷孕了,此事令族人感到非常羞恥,因而常常責備她和排斥她,少女忍受不了責難及羞辱,就在一個寒冷的夜裏,逃到深山去藏起來。

幾天之後,有打獵的族人回來,告訴大家說那個少女已經凍死在深山裏面,而且還變成了一隻貓頭鷹,族人都不相信,以為是獵人酒喝多了亂說說。

這事發生以後,每當族人有人懷孕,人們就會發現有隻貓頭鷹飛到懷孕婦女的屋頂上,不時地啼叫著,好像在提醒婦女們懷孕了,要好好珍惜自己的身體。

這事一再地發生,而且屢試不爽。族人這才相信貓頭鷹果真是那位少女的化身。

族人從此對於貓頭鷹敬畏有加,並且為了對逼死那位少女的往事表示歉意,代代相傳,告誡族人不可捕殺貓頭鷹。

至今邵族人仍有不得獵殺貓頭鷹的禁忌,他們也相信貓頭鷹能夠預知婦女懷孕的事情,並且會指引上山打獵的族人,不使他們在深山中迷路。

本則故事謂「貓頭鷹」原本是一位美麗的少女化成的,她未婚卻莫名懷孕了,被族人逼死,但她化成貓頭鷹後,會到懷孕婦女家的屋頂提醒珍惜身體,並且也會保護上山狩獵的男子,因此自古以來,邵族人禁止殺害貓頭鷹。

本則傳說故事情節要述如下:

一、有一位非常漂亮的少女,這個少女還沒有結婚卻懷孕了。

二、族人對於未婚少女懷孕感到羞恥，常常責備她和排斥她。

三、這個未婚懷孕少女忍受不了責難及羞辱，在一個寒夜裏，逃到了深山裡躲藏起來。

四、數日後，獵歸的族人告訴大家說那個未婚懷孕少女已經凍死在深山裏面，而且還變成了一隻貓頭鷹。

五、少女變成貓頭鷹後，能夠預知婦女懷孕的事情，每當族人有人懷孕，人們就會發現有隻貓頭鷹飛到懷孕婦女的屋頂上，不時地啼叫著，好像在提醒婦女們懷孕了，要好好珍惜自己的身體。

六、族人為了對逼死那位少女的往事表示歉意，代代相傳，告誡族人不可捕殺貓頭鷹。

七、被逼死、枉死、變成貓頭鷹的少女，心地非常善良，她會指引上山打獵的族人，不使他們在深山中迷路。

貳、邵族愛情悲劇

有一則流傳日月潭感人心弦的悲劇愛情故事，記錄漢族文化入侵水沙連，造成與原住民文化利益衝突的情況：

> 有一位美麗甜美的漢族姑娘名叫「水月」，愛上了邵族英俊的原住民青年「打魯卡」，然而他們不能相結連理，最後兩人相偕投水而亡，死後他們的靈魂化為湖面上遊戲的美麗鴛鴦。

本則故事中水月和打魯卡相愛甚深，但終不能結成夫妻，最後投湖自盡，靈魂化為湖面上遊戲的美麗鴛鴦。成就了象徵人類和諧的愛情，令人心酸。

參、邵族命定必殺的雙胞胎

古昔邵族人生下雙胞胎，必須立即活埋殺死，這對於人口本來就不多的邵族人來說是一項不利的信仰，但是古昔邵族人就是如此處理生育雙胞胎的問題。

《台灣先住民腳印》，洪英聖：②

　　在茄苳樹被鋸斷這一年，邵族聚落一個婦女生雙胞怪胎，一個嬰兒全身都是黑色，另一個全身都是紅色，嬰兒頭髮卻是白色。

　　邵族相信雙胞胎已經不吉祥，出現白髮「紅黑雙胞」更嚇壞族人，於是立刻把這兩個怪嬰活埋。

　　但是接二連三，村裏總共出現五對雙胞胎，雖都以活埋方式處理，但許多邵族人害怕，珠仔山麓的聚落也發生瘟疫，死許多人，於是邵族，紛紛搬離原來的聚落，往外散居，人口大幅滑落。

　　有的搬到附近的水門、有的去石印、有的到頭社，有的到貓蘭。都在日月潭四周一帶。

本則傳說故事謂邵族人連續活埋了六對雙生子，引起族人害怕，同時珠仔山麓的聚落也發生瘟疫，死許多人，發生瘟疫與連續活埋了六對雙生子，是否有關聯，故事裡沒有說明。於是邵族人紛紛搬離珠仔山麓的聚落，遷徙至水門、石印、頭社、貓蘭等。

【註釋】

①鄧相揚《邵族華采》，亦見鄧相揚、許木柱《台灣原住民史邵族史篇》，南投，台灣省文獻委員會，2000.12。

②洪英聖《台灣先住民腳印》，台北，時報文化出版企業有限公司，1994.3.三刷。

第十五章

邵族漁撈與浮田口傳文學

依傍日月潭而居的邵族，也是擅長捕魚的部族，其發展出來的漁獵方式，例如「浮嶼誘角」、「魚筌誘魚」等，是邵族文化獨特之處。①

邵族「浮田」（浮嶼）文化，迄今仍存在，到處可以看到一排排置於湖邊的「浮田」。邵族人於浮架附近撒下漁網、魚簍蝦筌等陷阱，由於架上有各種微生物，魚蝦便會前來覓食或在浮田的水草邊悠遊，如此族人便可以輕而易舉將魚蝦捕獲。

邵族人只須在浮田四週附近設置魚筌誘魚、漁網等，靜候魚蝦進入陷阱，然後早晚巡視一遍，收集成果即可，常常收穫頗豐碩，是靠漁獵為生的邵族祖先智慧的結晶。

邵族人認為雖然科技發達，捕魚的工具既多且精良，但此種浮田捕魚的方法是其傳統文化之一，更是老祖先智慧的表現，絕不可任其消失。

因為魚簍蝦筌是放在水裡面，進到裡面的小潭蝦、潭魚不管放幾天也不會死掉，很受當地餐館歡迎，是日月潭區著名特產，早期一向是邵族人不可或缺的經濟收入來源。浮田由於沒有著根處，所以遇到大風便在潭中四處漂流。

邵族「浮田」的由來，有一則傳說：

　　　傳說邵族人發現潭邊有水草漂浮，叫它「草坡」，
　草坡會不斷的繁衍生長，魚群喜歡在此聚集，邵族人就
　將捕魚器具「魚筌」放在「草坡」邊誘捕魚兒，後來，
　「草坡」發展成現在特有的「浮田」景觀。

邵族的漁撈生產僅次於農業生產，與邵族人居住在日月潭有關，日月潭水深魚繁多，於是發展出手網與魚簍來捕魚，尤為特殊者是利用魚簍在浮嶼或岸邊的草叢中誘魚。②

邵族夜間捕魚有萬點漁火的場面，曾永坤《台灣日月潭史略明海大觀》載〈萬點漁火〉：③

　　滿水的日月潭，在水社方面所展望的湖中，如舟所浮者，則是游離浮動，似如浮島，潭中魚類，鱔魚、化鯉、魚、石鮥魚、頭圓腹部灰白色士殼魚、黑斑點點？魚、鮒似細長石賓魚、形溪箇似肉多古監仔魚、汐鰍魚、其他鮒、鰻、鯉、鯰、鼇、鱸魚、草魚、鯁魚、奇力仔魚，亦有一尺五六寸長的，撓腰稱，三四尺成長的，歷魚稱，鱸鰻，大魚游游泳頗多，漁船遊來遊去，住址在海中，船底食，船底睡，每日捕魚爲生活，不知歲月，厭聽干戈也，漁磯樵路影相涵，滿目湖山碧似藍，珠仔嶼頭天半水，舟自月潭來日潭，漁火水連筏，守晉人舉魚，仙鄉夜如夢，煌耀照蛟居。詩曰：「深潭疊疊唱漁歌，日夜求魚得幾多；此處堪消閑歲月，世間厭聽擾干戈。網聲隔岸羅殘日，帆影沿山隱碧波；萬點火光忙不了；千竿何日寄岩阿」。

　日月潭邵族在九二一災後，繼重建祖靈地拉魯島，並種植茄冬神樹後，爲重現邵族以往賴以爲生的漁撈生活，決定開設浮嶼製作教室，由各戶參與製作、認養浮嶼，完成後放置在拉魯島周圍，希望藉此傳承浮嶼的製作技藝與傳統文化。世居日月潭的邵族以往過著漁撈與狩獵等生活方式，並發展出浮在水上的浮嶼來函養魚苗，及特殊的四角網捕魚方法。但現今會製作浮嶼的邵族人已不多見，邵族文化發展協會在日月潭國家風景區管理處的協助下，決定展開「浮嶼文化製作營造與技藝傳承」。將先開設浮嶼製作教室，由邵族長老與專業製作浮嶼人員教導邵族年輕人學習製作浮嶼的技藝，製作四十二個浮嶼後，再由每一戶邵族人認養一個。待拉魯島重建工程完成後，再將浮嶼拖到島周圍放置，由各戶的邵族人管理與維護。④

【註釋】

①台灣空中文化藝術學苑《美麗福爾摩沙》第十九期，2002.8。

②鄧相揚、許木柱《台灣原住民史邵族史篇》，南投，台灣省文獻委員會，
　2002.8。

③曾永坤《台灣日月潭史略明海大觀》，南投竹山，覺生月刊社，1956.11。

④陳界良〈製作浮嶼‧邵族傳承技藝〉，中國時報，2001.3.22。

第十六章

邵族獨木舟口傳文學

壹、邵族獨木舟

Ruza是邵族語對獨木舟的稱謂。水沙漣盟主邵族於清朝末年間勢力逐漸式微，從擁有廣大土地退至日月潭地區拉魯島，tarinkuan（外石印）、石印、頭社，僅剩二個社，統稱頭社及水社，當然這是漢語的稱謂，shtafari是邵語頭社。Zintun（日月潭）早期是一水鄉澤國，因此很早邵族祖先就發現剉木鑿船的技術，來往於舊社（tarinkuan）及頭社、拉魯島、水社之間，同時也作為漁撈、農墾的交通工具。①

獨木舟是邵族特殊的交通工具，是以整塊樹幹挖成的獨木舟船，或用大樟樹的主幹一剖為二，再把當中的木心部份剖除而成獨木舟，邵族稱為「魯扎」Ruza。

邵族人以在潭中捕魚為重要的生產事業，所以鄭重其事地對待造船的儀式，這種儀式中，巫師則發揮重大作用。

邵族人造舟動工儀式在潭畔準備飯、酒等，邀請巫師來祭祀最高祖靈，求其保佑造船工程順利。

在獨木舟造好之後，要由先生媽（女祭司）請稟祖靈，命名儀式後，舉行推舟下水儀式，巫師主持告祭祖靈，全社大小圍觀著木舟。

獨木舟下水禮時，獨木舟的主人要準備代表全豬的豬頭、豬肝、豬蹄及豬尾為供品，祭拜祖靈。

先生媽（女祭司）主持儀式畢之後，全族高聲合唱，祈求祖靈保佑船隻航行平安，才合力推著木舟下水，舟主才將酒、肉分給巫師和參加儀式的人享用。這項儀式因獨木舟日趨式微而數十年未曾舉辦。

貳、老鼠啟發邵族人造舟

邵族的獨木舟獨具一格，〈獨木舟〉，《台灣山胞各族傳統神

話故事與傳說文獻編纂研究》，尹建中：②

　　靜謐、清澈的日月潭流傳著一個故事。從前有五個交情甚好的壯丁，一天偕伴至中央山脈的森林打獵，雖然他們一無所獲，但卻不在意。

　　直到天色昏暗，他們坐在一個岩石上休息，山上一片死寂，夜更深更孤寂時，不知何處跑來一隻如飛箭般快的白鹿，五人立刻起身追趕。白鹿到了日月潭，縱身一躍跳進潭中，游到一個小島上。

　　他們飲恨的望著水面，突然看見一隻乘著樟木碎片的老鼠，一人問道：「你怎麼不會沈下去？又是怎麼前進的？」老鼠一聲不吭地用尾巴當槳地划走了。

　　眾人認為一定是上天教他們，討論後，伐倒一株大樟樹，挖空做成獨木舟，削板當舵，不久便在倒映著彩霞，波光鱗鱗的湖面上，出航了，五個人像孩子般，享受這前所未有的樂趣，他們上了小島捕了白鹿後，安然無事的回來。

　　土人看到覺得十分便利，便提議以肉交換，因為他們想壯丁無法帶舟越過山嶺回家，但壯丁們不肯，等他們將舟放在陸上，才發現困難重重，只好與土人換了肉。

　　現在日月潭上的獨木舟，據說就是當時小島與岸上往返的交通工具。

　　本則傳說故事敘述獨木舟的創作思源，有五位壯丁，至中央山脈的森林打獵，夜更深時，出現一隻白鹿，獵人們立刻追趕，追趕至日月潭，白鹿躍身潭中游到小島上。獵人們無法渡潭，正在失望之際，忽然見到一隻老鼠乘著樟木碎片用尾巴當槳地划走了。

獵人們得到老鼠的啟示後，伐倒一株大樟樹，挖空做成獨木舟，削板當舵，划舟上了小島，終於捕捉到了白鹿。

〈日月潭的獨木舟〉，《原住民傳說》，范純甫主編：③

　　從前，在日月潭附近山區，有五個勇敢的獵人，他們就像親兄弟一樣地和睦相處。

　　一天，他們備好乾糧和弓箭，一塊到山上去打獵。他們走過一山又一山，涉過一溪又一溪。突然，在茂密的林子裡竄出一隻小鹿。小鹿看到人，敏捷地繞過山岡，穿進森林裡去了。

　　獵人們緊緊地追了過去，不知跑了多少路，轉過多少彎，穿過一層一層森林，來到一座從未到過的高山的頂上。只見眼前四周山岳環抱著一大片碧藍碧藍的湖水，這湖可大呀！像一面大鏡子在陽光下閃耀著奇異的光芒。

　　湖泊分成兩半，北邊的一半像太陽一樣呈輪盤形狀，南邊的一半卻被石頭圍成月牙形。這就是日月潭。

　　一個獵人突然叫起來：「哎呀！鹿兒泅水往前面小島上逃去了！」順著他手指的方向，大家看到小鹿正拚命向湖中的孤島游去。

　　那島上草木繁盛，鬱鬱蔥蔥，遠遠望去，就像浮在水上的一顆綠色的珠子。五個獵人趕忙拉滿彎弓，瞄準小鹿射去，但已經太遲了，那靈巧的小鹿游得遠了，箭兒紛紛落在牠身後的水裡。

　　獵人們眼巴巴地望著小鹿濕淋淋地爬到日月潭中間的小島的沙灘上。誰也無法泅渡到那島上去抓住白鹿。

　　這時候一個名叫柏拉巴的青年獵人突然喊叫起來：「你們看湖上有隻老鼠要游過潭呢！老鼠能用尾巴搖動著

游過潭，我們就不會學它的樣子渡渦潭去麼？」

　　獵人們馬上跑到潭邊的森林裡，選定一棵大樹，拔出腰間佩帶的鐵刀，七手八腳地把大樹砍倒。

　　他們在樹幹中間挖了個狹長的深槽，可以坐進兩個人。又把樹幹的兩頭削成尖尖的形狀，砍去了樹幹上的其他枝葉，並取來一根細長的枝條作船櫓，然後把挖空的樹幹推到潭水裡。

　　柏拉巴和另一個青年獵人自告奮勇地爬上這挖空的樹幹。這就是第一隻獨木舟。柏拉巴拚命地搖動著手中的樹枝，另一個獵手一手緊緊地抓住船頭，一手幫著划水。不一會，獨木舟就渡過了碧波盪漾的日月潭，靠到孤島的沙灘上。

　　兩位勇敢的獵人敏捷地登上孤島，很快地發現了那隻驚慌失措的小鹿。他們同時引箭射去，小鹿很快地倒在地上。

　　他們把獵到的小鹿載過潭時，天色已漸漸地暗下來了。獵人們摸黑把這隻小鹿抬回村社。

　　人們捧著酒食到村社口迎接他們，他們興高采烈地向村社裡的人講述了追捕小鹿和製造獨木舟渡潭的經過。大家異口同聲地稱讚獵人們的聰明機智。

　　第二天，村社裡的人紛紛背上工具，來到森林裡，按獵人們說的那樣，砍伐樹木造獨木舟。

　　他們幹得又快又好，不久，就造出了許多牢固美觀的獨木舟來。從此以後，他們再也不用愁著無法渡過日月潭了。

本則故事與上則傳說相似，惟不同的是本故事明白指出發現老鼠游過潭是用尾巴搖動著游過潭，而引發造舟的是叫做「柏拉

巴」的青年獵人。兩則故事所造的舟亦不同，上則故事所造的舟是大型船，能夠載運五個人；本則故事所造的舟是小型船，只能夠載運二個人。

邵族人發明創造獨木舟的傳說很有趣：④

> 人們因追捕鹿到日月潭邊，正苦於不能渡過日月潭時，只見一隻老鼠蹲在一片楠樹皮上，老鼠細長的尾巴伸進水裏，一搖一擺，楠樹皮便也搖搖擺擺地負載著老鼠歪歪斜斜向前漂動，獵人們由此受到啓發，便把樹幹挖空，製成船櫓，乘獨木舟過潭追鹿。

本則傳說故事情節要述如下：

一、邵族獵人捕鹿追到日月潭邊，苦惱不能渡潭捉鹿。

二、邵族獵人看見一隻老鼠蹲在一片楠樹皮上用細長的尾巴伸進水裏搖擺，楠樹皮便載著老鼠向前漂動。

三、邵族獵人獲得老鼠啓示，挖空樹幹製成船櫓，乘獨木舟過潭追鹿。

這個邵族的傳說故事是在生產過程的實踐中產生，並且歌頌祖先的聰明和智慧。

參、猿猴啓發邵族人造舟

〈獨木蕃舟〉，《台灣日月潭史略明海大觀》，曾永坤：⑤

> 古傳高山壯士，追趕著白鹿，一直追到本潭，那逃得發狂的白鹿，一到了進退無路的時候，突然像飛鳥一般，縱身一躍跳入鏡面一般的大湖水中，不久漸漸泅水向著湖中浮島，名叫珠仔山方面而去。

> 高山壯士窮追到此，萬分失望，於是就東跑西跑，找尋路頭，心中非常焦急，終找不到一條道路，就在水邊的小石塊上坐下來，只是喊著可惜，並且呆望著那個

浮島西斜的陽光，正遙照在湖面，那湖水愈發顯得悠漾清澈而寧靜。

而山上忽然捲起了一陣狂風，掠過蒼鬱的深綠色樹林，樹葉就紛紛下來，靜靜的水面上，不料對岸有一隻小猿手攀著枯樹圈下潭中，輾轉坐在樹枝，非常自然的，把自己的長尾，當作划揖，手上握著一根樹枝，用作搖櫓，盡力擺動，枯樹就向前航行。

霎時有一條蟒蛇泅水面轉來轉去莫名其妙，第一次看到這樣便利的事，我們難道不可以也用這樣的方法濟渡，可到浮島捉捕那隻白鹿。

於是大家商量妥當，立刻從附近山上採來一段很大的樟樹殼挖出鑿中心，使樹的四週都成蒲板，然後浮在水上，可以載人，這就是一直傳到現在的蟒甲。

蟒甲就是獨木舟的名，以後丁如霖造二小艇，逐漸把船改良成為很好的漁船，從此日月潭中，這種獨木舟，就一天一天多起來。

本則傳說故事情節要述如下：

一、高山壯士追趕著白鹿一直追到日月潭。

二、白鹿跳入日月潭泅水游向著湖中浮島。

三、高山壯士未能捕獲白鹿非常失望。

四、高山壯士發現對岸有一隻小猿手攀著枯樹圈下潭中，輾轉坐在樹枝，用自己的長尾巴當作划揖，手上握著一根樹枝，用作搖櫓，盡力擺動，枯樹就向前航行。

五、高山壯士受到猿猴的啟示後，採來樟樹，把樹殼挖出鑿中心，使樹的四週都成蒲板，然後浮在水上，可以載人。

六、從此日月潭中，獨木舟就一天一天多起來。

七、本故事沒有說明高山壯士是否有捕獲白鹿，但是他們創
　　造發明了獨木舟。

鄧相揚《邵族華采》有一則〈獨木舟的由來〉傳說故事：⑥

　　相傳邵族的獵人，在狩獵時發現了一隻肥碩的白
鹿，邵族人沒有看過白鹿，於是追著這隻白鹿。

　　經過數天數月之後，沿著白鹿蹤跡來到了日月潭，
那被追得發狂的白鹿，被逼在日月潭畔，正是到了進退
無路的時候，突然之間，蹤身一躍，跳入日月潭的水中
去，更漸漸泅水向著潭中浮島，即Lalu（珠仔嶼、光華
島、拉魯島）的方向而去！

　　邵族獵人們追狩這隻白鹿已有一段時日，見白鹿泅
水而去，大家相當失望，於是大家分頭要尋覓去路，只
見汪汪的潭水，總尋覓不到一條去路，大家心中非常焦
急，就在潭邊的石塊上坐下來，大家怨聲載道，遙望著
浮島直喊可惜。

　　時見西斜的陽光，照耀著潭面，忽捲起一陣狂風，
潭水波瀾，潭邊蒼鬱的樹林間，掉落了樹枝樹葉在潭
中。

　　忽見一隻猴子攀著樹枝圈下潭中，輾轉坐在樹枝
上，飄在潭中，非常自然且悠閒地用尾巴作划楫，手上
更握著一根樹枝，用作搖櫓，枯樹枝竟能向前游行。

　　獵人們見狀，大家相當訝異且驚奇，一隻猴子竟然
能用枯樹枝游行於潭中。大家得到啟示，就商量妥當，
立刻採來一段很大的樟樹，把樹身鑿成空心，像搓船一
般，然後浮在水上，可以載人。

　　邵族的獵人雖然沒有獵到這隻白鹿，但無意中發現
了日月潭及其周遭地區，是塊可供世代子孫生生不息的

福地，於是舉族遷來居住。

　　又因在追逐白鹿時，無意中看到猴子以樹枝游行於潭中，因此發明了獨木舟，此後獨木舟成了邵族人最重要的交通和漁撈工具。

　　本則故事邵族獵人雖然最後未能獵得白鹿，但是無意中發現了美麗的日月潭，也從猴子游於潭中的啓發，發明創造了獨木舟，成爲日後在潭中重要的交通與漁撈的必要工具。

　　邵族人自從發明了獨木舟，乘舟泛湖堪稱便利。「月夜浮舟好，來乘蟒甲遊，茫茫湖水上，大地寄蜉蝣，水態山容天下無，木舟竹筏似仙區，雨奇晴好坡翁句，休向西湖詫絕殊，蟒甲波描線，勁箭魚晦跡，泛泛獨木舟，天地不愁窄。詩曰：「蟒甲蕃名獨木舟，良晨月夜畫觀遊；千重遠岫青山在，一帶環湖碧水流。詩思浮沈檔影裡，夢魂搖曳櫓聲秋；眼前好景憑誰寫，坐覺心清世念休。」⑦

肆、以煙為號蠻娘躍渡

　　古時候欲至邵族各社必先舉煙火，並且要乘蟒甲前往之。〈蠻娘躍渡〉，《台灣日月潭史略明海大觀》，曾永坤：⑧

　　　蠻娘躍渡，此日月潭環嶼皆水無陸路，出入胥用蟒甲，外人欲詣其社，必舉草火以煙起爲號，頭社及大林欲往卜吉社，或石印社，珠仔山，或内山各社，漢原交接買賣者，各要駕蟒甲，時有營官丁如霖，建六角亭於珠仔山頂，額曰小蓬萊，天然山水絕塵埃，迎接東方鶴駕來，眞個蓬萊名勝地，滿山花木九重開，以時遊宴其中，造二小艇，泛潭中，良晨月夜，極遊觀之娛樂，或樹標，命族人駕舟，蠻娘躍渡，競賽先登者賞以酒食也。蠻娘出獵古潭頭，沃水肥山獲可收，躍渡一番風雨

急，跳登先見賽斯籌。詩曰：「潭名日月惕臨深，屢險
爭先有戒心；舟子知津肩茗葉，行人問渡指頭林。冬流
水涸頻鞭獵，春草沙平偶集禽；一葦濟川齊躍足，漁歌
高唱答南音」。

本則記載古代日月潭環嶼皆水無陸路，因此外人想要到邵族
的部落，皆是靠著蟒甲渡濟，而且要以草火舉煙爲號。

伍、邵族重造獨木舟

古代獨木舟是邵族在日月潭重要的交通工具，也是生產漁
撈、搬運工具。獨木舟文化是邵族文化的特質之一，但是卻式微
已久。

居住在日月潭湖畔的邵族原住民，爲能傳承傳統文化，近年
來積極加強族人的母語、編織、歌舞等技藝訓練。民國九十年七
月六日，日月潭德化社邵族爲復育邵族文化，打造一艘大型能載
十餘人的傳統獨木舟，這是四、五十年來（日月潭獨木舟已消失
四十餘年），邵族首次打造的「公船」（公用的船），希望藉此讓日
月潭的獨木舟文化再現，傳承傳統技藝的意義大於一切。

Ruza，獨木舟分二種，一種是共有的，一種是私有的，大型
獨木舟屬共有的，由族人共同鑿造的，使用必須跟頭目商借。小
型獨木舟屬私有的，體積僅能搭載二至三人，主要功能是作爲漁
撈，或私家之交通船，當然承建是自己家族去完成，幾乎每一個
家庭都有一艘小獨木舟，就像現在每個家庭都有一輛摩托車作爲
交通工具。若非一九六九年日月潭環湖公路打通，邵族仍是要走
水路的民族。⑨

邵族Ruza獨木舟的鑿造工具只有二種，一種是斧，一種是類似
鋤頭削尖的鐵器，一刀一斧的鑿作，技術性相當高，獨木舟造具是
屬於力量、智慧、耐力的結合，由此可見早期邵族祖先的智慧。⑩

　　打造的獨木舟，所使用的木材是邵族文化發展協會引進國外南非紅木打造傳統獨木舟，長十二公尺，直徑三台尺半，材料費二十多萬元，由全國教師會支援，而打造工資則由重建大軍方式支應。

　　邵族打造獨木舟，要舉行起造典禮，不論是「公船」或「私船」皆須舉行儀式。當選定好木頭材料後，要請「先生媽」（女祭司）到起造船主或召集人的家中，將該家族祖靈及祖靈籃請到庭院，「先生媽」主持稟告祖靈要打造獨木舟，祈求庇祐施工打造順利。在「先生媽」灑祭酒後，負責打造的族人一起剝光樹皮，象徵造船正式開始。

　　邵族文化發展協會計劃逐年爭取經費，讓每戶都有自己的獨木舟，重現早期的生活模式。獨木舟為世居日月潭畔的邵族原住民早期交通、漁撈最主要工具，後來日月潭成為觀光區，更是民國四、五十年代最具邵族文化特色的遊憩設施，但在新遊艇引進及政府禁止砍伐大樹後，獨木舟的數量銳減，造舟技藝也面臨失傳危機。……由於紅木的木質較粗，浮力與傳統建造獨木舟使用的樟樹相比有明顯差異，未來船隻下水後可能面臨吃水較深不利航行的問題，因此族人也在附近山區尋找二株材質與樟樹相近的荷樹，目前已獲林務局同意砍伐，做為日後造舟的材料。……以往在邵族社會中除了公有的獨木舟，每戶人家也有私人船隻，目前家中供奉祖靈籃有四十二戶，未來將逐年爭取經費供每戶建造獨木舟，重現早期的生活模式。⑪

　　九二一地震後，伊達邵文化復育社區，為了延續邵族傳統文化技藝，自九十年七月開工，九十一年元月底完工的ruza獨木舟，總長十一公尺，寬九十公分的大型獨木舟。⑫

陸、邵族舟與蘭嶼達悟舟

邵族的舟是獨木舟，也就是說利用一棵大樹，對剖之後，再將中間的木質挖空以載人載物，方法簡便，型單純，但較爲笨重，只適合在水面平穩的內陸湖泊上使用，也就是我們熟知的剖木爲舟。而達悟族的舟是拼木舟（亦名拼板舟），是利用一塊塊經設計測量好的木板，嚴格縫合拼裝而成，所需技術高，船身輕巧，能在波濤起伏的海上航行，達悟族的拼木舟，在製造時，僅憑一把斧頭切割、刨光，這不但是技術，也是藝術，但這項技藝愈來愈少人能繼承了。⑬

【註釋】

①巴努‧嘎巴暮暮〈邵族獨木舟文化〉，載於《日月潭國家風景區簡訊》第八期。

②尹建中《台灣山胞各族傳統神話故事與傳說文獻編纂研究》，1994.4。

③范純甫主編《原住民傳說》（上），台北，華嚴出版社，1996.8.一版。

④范純甫主編《原住民傳說》（下），台北，華嚴出版社，1998.4.二版。

⑤曾永坤《台灣日月潭史略明海大觀》，南投竹山，覺生月刊社，1956.11。

⑥鄧相揚《邵族菁采》，南投縣風景區管理所，1999.6。

⑦同⑤

⑧同⑤

⑨同①

⑩同⑤

⑪佟振國〈邵族獨木舟重回日月潭〉，自由時報，2001.10.10。

⑫同⑤

⑬台灣空中文化學苑《美麗福爾摩沙》第十九期，2002.8。

第十七章

邵族歌舞口傳文學

歌舞也是邵族人的一種藝術，夜靜月圓之時，便是他們施展身手，酣酒歡舞，精神恍惚之時。

壹、邵族杵歌傳說故事

邵族的「舂石音」和「杵歌」最為著名，說明了邵族係以木杵臼來作為食品加工的工具。先將粟或稻穀置於木臼裡，然後用杵搗至外殼脫落，然後以篩簸去殼。邵族人亦用木杵臼製作糕餅，先將糯米用蒸斗蒸熟後，置入臼裡，然後用杵搗之，直到糯米飯成為塊狀的糕餅，頗為類似阿美族的麻糬。①

日月潭的水光山色，不僅台灣人人耳熟能詳，即使在國際亦是名聞四海。早期的台灣風光介紹，常見以日月潭為背景，加上原住民邵族的招牌歌舞「石印杵聲」為代表，可見日月潭風光的魅力。

邵族最為外人所熟知的生活文化莫過於「杵歌」，邵族的人口雖然少，但是他們獨特的「杵歌」卻很出名。世居在日月潭畔的邵族人，每逢歲時祭儀，總是以「杵」，擊打石板，配合歌唱與舞蹈，而有「湖上杵歌」的文化特色。

邵族「杵歌」分為「杵音」（杵聲）和「歌舞」兩部分。所謂「杵音」，其實是婦女們平時在家舂米時發出的聲音。婦女將稻米去殼的方法是用木杵在石板或石臼上擊搗稻穗，在各家各戶同時擊搗，發出「叮叮咚咚」的聲音。「杵音」又稱為「舂石音」。

所謂「杵音」配合「歌唱與舞蹈」即為「杵歌」，是古昔邵族人準備祭典糧食的時候，婦女數人一組，用長短、粗細不同的木杵，擊搗著放有穀物的石板，配合杵米的節奏一邊放聲高歌，一邊響著此起彼落的杵石音，在寧靜的山湖邊，在白濛的晨霧中，不斷地放送著邵族人的豪氣真情。

邵族人的「杵歌」層次分明，彷若大地抑揚頓挫的心跳，從

自然原始的神祕之域傳來，日月潭畔，山嵐幽幽，煙波裊裊，清風夾著林野的綠色氣息，伴隨杵聲音揚，鏗鏘迴盪。

杵原來是舂米工具，也成為了一種打擊樂器，則邵族之「杵歌」直接起源於舂米勞動。因其粗細長短不同，每杵自成一音，組合則音階齊全，故爾也可拼成一組打擊樂。

「杵音」的特色，在於木杵敲擊石板所發出清脆響亮之聲響，所造成此起彼落的律動美感，再配合上族人手持木杵敲擊石板所呈現出來的畫面，表現出一種文化在延續上的驕傲。邵族婦女「杵音」配「舞」與「歌」，取材於舂米勞作，是舞蹈化的勞動。

〈杵歌的傳說〉，《原住民傳說》，范純甫主編：②

　　從前，在日月潭旁邊的一個村寨裡，住著一對男女青年，男的名叫阿才，女的名叫鳳社。鳳社小時候就失去了父母，阿才小時候失去了父親，兩家人合成一家，靠著阿才的母親織布換米過日子。

　　這一年，兩個人都年滿十八歲了，準備豐收節這天結婚。阿才發誓弄不到最好的禮物送給鳳社，就不成親。怎奈，這年時逢大旱，地裡粒米不長，山上的獐麂野鹿也不見影蹤。阿才想弄到一份最好的禮物，真比登天摘月還要難啊！

　　婚期眼瞧著一天天逼近，老母又因飢餓成疾，臥床不起。這天，阿才對鳳社說：「你在家裡照顧老母，我上山去打獵。這次上山，我扛不回一隻野鹿來，決不見你。」

　　鳳社尋想阿才說的是氣話，哪知他一去半個多月，也沒有回家一次。老母的病勢越來越重，豐收節這天晚上，老母已經昏迷不醒了，鳳社兩隻眼睛都快望穿了，也不見阿才的影子。

　　鳳社想阿才一定在山上出事了，再看看躺在床上的老母，已經奄奄一息，心像刀絞一樣難受。她抱著老母，放聲痛哭起來。

　　她哭著哭著，忽聽門外有人招呼她。她走出門一看，大月亮地上，站著一隻公雞。公雞指著面前放的一根長杵和一個大石臼，對她說：「我是天上馬祖婆身邊的公雞童子，馬祖婆知道你們家有難，讓我到月宮那裡向月亮仙姑借來長杵和石臼給妳。妳用長杵往石臼裡搗，唱起歡樂的歌兒，你們就會有米吃了，你的阿才就會聞聲跑回家來，老母親的病也有救了。」公雞說罷，展開翅膀向空中飛去。

　　鳳社抬起長杵，半信半疑地向石臼坑裡搗去。她一邊搗，一邊哼著歌，低頭一看，果然臼坑裡冒出了一些白花花的大米。她急忙用這些米煮成粥，給她老母吃。老母只喝下兩碗粥，就逐漸甦醒過來了。鳳社心頭一喜，跑出門外又拾起長杵向石臼裡搗了起來，她一邊搗，一邊繞著石臼起舞唱歌：

豐收節的夜晚多迷人，

妹和阿哥心連著心。

杵聲伴著歌聲飛過椰樹林，

妹妹召喚阿哥快回來成親。

莫錯過好光陰，

莫錯過好光陰！

　　再說阿才，外出這些日子，連隻野兔也沒逮住，沒有臉回來見親人。這天晚上，他在山上碰見一隻野鹿，可是他餓得四肢無力，怎麼追也追不上。他突然聽到遠遠傳來鳳社的歌聲，心中一喜，幾步就追上了那隻野

鹿，一頓拳腳就把野鹿打死了。

　　他扛著鹿，高高興興地走回家來，看到鳳社從石臼裡舂出這麼多大米，再也不愁吃穿了，老母的病也好了，樂得連夜出去，用那隻野鹿換來七顆瑪瑙珠（原住民習俗，結婚時，男方必須送女方五至七顆瑪瑙珠，作爲聘禮）送給鳳社。這天晚上他們就歡歡喜喜地成了親。

　　從此以後，當地人們都模仿他們，做出長杵和石臼。每年豐收節，姑娘們三五成群，手持長杵往石臼裡舂米，邊搗邊舞邊唱歌。就這樣，杵歌就在大小村寨裡興起來了。

本則傳說故事情節要述如下：

一、從前有一對男女，男的名叫阿才，女的名叫鳳社。

二、鳳社小時候就失去了父母，阿才小時候失去了父親，兩家人合成一家，靠著阿才的母親織布換米過日子。

三、這一對男女滿十八歲了，準備豐收節這天結婚。阿才發誓弄不到最好的禮物送給鳳社，就不成親。

四、婚期迫近了，阿才決定上山狩獵捕捉野鹿，他請未婚妻鳳社在家照顧臥床不起的母親。

五、半個月過去了，還不見阿才回家，豐收節之夜，母親的病勢越來越嚴重昏迷不醒了，但是還是不見阿才回家。

六、鳳社不見阿才回家，老母又奄奄一息，抱著老母，放聲痛哭起來。

七、鳳社忽然聽見門外有招呼聲，原來是一隻公雞。牠是馬祖婆身邊的公雞童子，受命到月宮向月亮仙姑借來長杵和石臼給苦難的鳳社。

八、公雞童子指示鳳社用長杵往石臼裡搗，要唱歡樂的歌

兒，如此就會有米吃了，阿才也會聞聲跑回家來，老母親的病也會好轉。公雞說罷，展開翔膀向空中飛去。

九、鳳社遵照公雞童子指示來做，一邊用杵搗臼，一邊哼著歌。

十、果然臼坑裡冒出了一些白花花的大米，鳳社急忙用這些米煮成粥，給她老母吃。老母只喝下兩碗粥，就逐漸甦醒過來了。

十一、鳳社跑出門外拾起長杵向石臼裡又搗了起來，她一邊搗著，一邊繞著石臼起舞唱歌，歌聲傳到了在山上已有半個月狩獵未獲而未歸的阿才。

十二、阿才聽到遠遠傳來鳳社的歌聲，心中一喜，幾步就追上了一隻野鹿，一頓拳腳就把野鹿打死了。他扛著鹿，高高興興地走回家來。

十三、阿才回到家，看到鳳社從石臼裡舂出許多大米，老母親的病也好了，非常高興。

十四、阿才用狩來的野鹿換來七顆瑪瑙珠作為聘禮送給鳳社。這天晚上他們就歡歡喜喜地成了親。

十五、自從阿才與鳳社的故事傳開來，族人模仿他們於每年豐收節，姑娘們三五成群，手持長杵往石臼裡舂米，邊搗邊舞邊唱歌。從此，杵歌就在大小村寨裡興盛起來了。

　　蕃家杵聲，每當五穀好收之時，男男女女晒打捆載，杵歌懂得雅趣，歌詞簡清，每當月色明淨的時侯，在以湖岸放一塊大石頭，上面平的，數名女子圍立，各二人手持杵搗粟，不思議一種之妙樂，側數名之老婦手執一尺餘之竹筒，輕輕地打著，奇妙之音聲發出，杵聲和漁歌聲、風聲、水聲、樹聲，調和在一起，清幽動人的歌詩，大意如次，歌曰「湖上歡」，湖上不勝歡，昔人未

來踏，浮我莽甲舟，風波任所之，飲酒解胸懷，歡愉豈有已「樂收獲」湖水蕩蕩谷粟熟，男男女女勤收獲，晒打捆載忽盈倉，豐年同慶衣食足「水上遊」太陽曦曦起東山，映我無心之子女，欣人湖水欲清潔，兒輩既樂我亦樂，一曲人傾耳，南村數杵聲，湖心仰看月，蠻娘此時情，青春子女比分多，歸化希無與世訛，微妙久誇天一樂，杵聲斷續是春歌。詩曰：恩潭山地谷成堆，兒女當家各自催；日日晒翻兼秉載，朝朝捆打運搬來。蠻娘收杵歌初歇，漁子鳴榔舟乍回；盡有幽揚聲響出，更看月影照瓊杯。③

簡史朗〈杵音響迎邵年〉載一則有關邵族杵歌的傳說故事：④

> 邵族婦女們在夜裡賣力舞著沈重的杵，春搗著粟米，藉長短不一的杵具，撞擊出高低有致，輕脆而且抑揚頓挫的樂聲，順著山谷傳到山嶺上，給臥守著獵人，數著星星，孤寂過夜的男人們，告訴他們：「放心狩獵吧！族人們正等著你們平安地滿載而歸呢！

從本則傳說故事來看，邵族的杵歌還具有傳達在外狩獵的男子安心打獵，家裡一切平安的信號。

貳、邵族歌舞傳說故事

早期邵族人的生活中，音樂與歌謠占極重要之地位，無論是祭祀、凱旋、收穫、婚宴、房屋落成、造舟，或是從事耕作、狩獵，族人常以歌謠來讚頌祖先英勇事蹟，或是表達歡怡的心情。邵族的主要樂器有口簧、弓琴、春石音的杵、竹筒等。邵族人亦為善舞的民族，每逢豐年祭，遇有lusan（大過年）時，族人要蓋hanan（祖靈屋）來供奉祖靈，並且要在祖靈屋前舉行牽田儀式，亦即唱祖先流傳下來的傳統歌謠，並且圍成一個圓圈，族人跳圈舞，手牽手排成圓形或橫列，由其中一人領唱，眾人合之，一句又一句，配合拍子前後左右移動步伐。⑤

〈蕃女舞歌〉,《台灣日月潭史略明海大觀》,曾永坤:⑥

　　每一個民族有一個民族的精神特性,對於某一民族的精神和特性,一切傳統的道德與人為法律所不能表現的部份,唯有藝術能夠傳達,而藝術之中,尤以舞歌和音樂傳達得最為直仰民眾,然如山地舞歌原因。

　　相傳過新年深山農曆三月初過年,埔里社大肚城七月十五過年,平埔族八月十五日過年,日月潭水社山地相傳八月初三日過年,現改八月初一日過年,自七月二十九夜,各戶飲過年酒,是夜男粧女,女假男,舂石音,一班大約舂四五十分鐘頭的,一人飲一碗酒,再換替別班舂飲的。

　　是夜男人不在家內睡著,各要在外面,或在山間,或在牛欄空間,外邊甜睡直到天明回歸。

　　男女自八歲至十歲,在頭目家門外兩邊睛著,頭目是夜坐禁推念密咒,用盤齒灰桿,直念密語。

　　八月初一早六點鐘,頭目起身,手提盤灰,對男女嘴齒抹灰桿,抹好放下,一手提著六寸大的鐵條,一手提著八寸大的柴槌,不分男女通要打擊角齒,打好頭目再提著盤灰,對男女塗抹,就不能流血疼痛。

　　到民國六年的時候,無分男女打擊角齒就流血叫痛不止,各社頭目會議決定,改不打角齒用比的就好了,八點鐘的時候,全社出席,男在頭目門口大埕圍住兩邊坐定,女在後屏坐定,頭目坐在廳門首念經咒,手執菁樹花,對著眾人淨身,各戶要插菁樹花,頭目講古代歷史。

　　九點鐘起女頭目要往各戶門口作禮念密咒,是日當爐主者,要拱出酒肉請大家共食一天,一日內全部不食鹹類。

　　初一日老人作戲，女子舞歌，雙雙對對，男男女女。成群結團，妖嬌露胸吹口琴曰。「翻新雅調韻清沉；勝彼相如操玉琴。我欲洗來箏笛耳；高山妙女有奇音。」「朱唇半啓傳情音；唱出漢蕃感慨深。一曲分明求鳳侶；心懷滿腹托長吟。」舞歌詩曰：「蕃人妙女襯新粧，妖艷嬌姿盡露胸；舞際霓裳音細細；彈時絲竹樂溶溶。遍邊體胖阿環貌；綽約身輕飛燕容。如此傾城傾國色；引來顧客等遊蜂」。

【註釋】

①曾永坤《台灣日月潭史略明海大觀》，南投竹山，覺生月刊社，1956.11。
②范純甫主編《原住民傳說》（下），台北，華嚴出版社，1998.4.二版。
③同①
④簡史朗〈杵音響迎邵年〉，南投縣鄉土大系叢書之六《南投住民》。
⑤同①
⑥同①

第十八章

邵族鑿齒口傳文學

　　每逢邵族的豐年祭，族中長者要為族中少年，舉行鑿齒儀式，此為成年禮儀式之一部份。目前在舉行豐年祭大過年時，雖不真正將牙齒鑿下，但仍有象徵性的鑿齒儀式。①

　　據說傳統習俗凡是邵族的女性都要將兩根虎牙鑿斷，這才稱為美。邵族有一則有關鑿齒的傳說故事：

　　　　從前有一位漂亮的少女，要行鑿齒儀式，因為族人眼裡牙齒洞愈多愈美麗，她就決定鑿三顆牙齒，如此會更加漂亮。

　　　　因為古代醫藥不發達，只用火炭灰止血，這位少女血流不止死去了。這位少女死後，邵族人就不再舉行鑿齒了，但是為了紀念這位死去的女子，每逢新年佳節，鑿齒的習俗還是繼續在新年舉行儀式，只是象徵性而已。

　　　　同時也不再僅限於女性，不分男女。此儀式由陳姓家族象徵性用鐵鎚和長長的釘子比劃之。

　　據本則故事邵族人拔牙缺齒，原是施於女子的，後來因為有一位美麗的少女，拔齒的時候不幸去世了，族人就停止了鑿齒的習俗，不過仍然舉行儀式，只是象徵性而已，而且舉行鑿齒儀式也不再僅限於女性，不分男女性別。

　　每逢邵族過年的時候，邵族除了載歌載舞的表演慶祝外，還有鑿牙齒Parunipin的儀式。

　　鑿齒俗稱「損角齒」，日月潭畔的原住民邵族豐年祭過年初三時，會舉行青少年「損角齒」及「拜牙」儀式。

　　在邵族人的觀念中「損角齒」是美的象徵，認為缺齒比較漂亮。缺齒後就可以開始抽煙，煙斗剛好可以夾在間隙裡。

　　早期的邵族青少年無論男女，在十餘歲時都要接受鑿齒「損角齒」，將上下齒二邊的犬齒敲下，如今只以工具象徵性的比劃一下。

　　邵族古昔的鑿齒工具包括鑿子、木槌、草木灰、毯子、一束稻穗、一包稻穀，青少年一貫排列，輪到被鑿齒者平躺仰臥在長椅上，頭部及雙眼用毯子蓋著，由部落裡有名望的長老執行此項儀式，在年初三一大清早舉行之。

　　「擯角齒」儀式後，即請先生媽（女巫師）為「擯角齒」的青少年舉行祝禱祈福儀式舉行「拜牙」祭儀。

【註釋】

①鄧相揚、許木柱《台灣原住民史邵族史篇》，南投，台灣省文獻委員會，2000.12。

第十九章

邵族農耕與狩獵口傳文學

現在大部分的邵族人，住在日月潭畔的日月村，少部分原來屬頭社系統的邵人則住在水里鄉頂崁村的大平林，兩地加起來的總人口數不到三百人，這樣的人口數可以說是全世界最袖珍的族群。邵族的生活方式是以漁獵、農耕、山林採集維生，農作的耕作地點主要是家園附近的田地，早期在山林燒墾的時代，以種粟為主，在搬到「barabaw」之後，除了種稻依山而耕的梯稻景觀，另外增加種植番薯、芋頭、樹薯、花生等經濟作物。①

邵族人舊居「tarinkwan」舊社，水稻種植於「lalu」島。邵族人將「lalu」島收穫之糧稻，收成運回「tarinkwan」部落，將稻穀曝曬，然後去殼，邵人去殼方法是由婦女用木樁在石塊搥打稻穗，也因各家各戶同時搥打去殼，造成部落叮叮咚咚聲響，而後族人覺得合乎音感，始發展成杵音之舞。杵音之舞在豐年祭的儀式裡是最重要的一部分，它的特色在於木樁敲擊石塊所發出清脆響亮之聲響，所造成此起彼落的律動美感，再配合族人手持木樁敲擊所呈現出來的畫面，表現出一種文化上的驕傲。這一種原始的音樂，便為人所稱道，「湖上杵聲」因而成為日月潭八景之一。②

早期邵族男子精於狩獵，為了能狩到獵物，製作獵具成了男族人必備的工藝技術，而弓箭則成了主要的獵具。弓一般以竹子、和苧麻來製作，箭則以箭竹加上鐵簇製作而成。佩帶腰刀為邵族男人必備的工具，不僅在山田農耕時可以斬木除棘，在狩獵時更可以充當獸刀，用以斬肉。當部落遭到外強侵擾時，腰刀則成了禦敵的武器。③

〈老頭目與山豬肉博戰〉，《台灣先住民腳印》，洪英聖：④

　　日月潭第七代袁家頭目袁福田回憶他小時候跟隨第五代頭目祖父「袁阿送」上山打山豬的情景說，當時他只有十歲左右，祖父七十歲，族人每十幾人一組，分頭

上山，祖父袁阿送也率領一隊，包括男性的大人及青少年十幾人，最危險的這一次，他的記憶最深。

袁福田回憶說，當祖父發現山豬的蹤跡時，叫大家停止前進，他一個人到前面觀察，發現一隻大山豬正用前腳挖泥土，並用嘴巴凸出的長牙挖咬泥土下的番薯，並發出虎虎用力的聲音。

當老頭目趁機悄悄躲在樹幹後面時，這隻山豬也聽到「腳步聲」，頭抬起來看一看，沒有看見人影，便繼續挖掘番薯。

由於距離太近，如果舉起弓箭再射，很容易被這頭山豬發現，於是老頭目握緊腰間的彎形刀，一個箭步衝向山豬，一刀插進山豬的腹部，山豬尖叫一長聲，瘋狂地衝出來，把老頭目甩開，刀子插得太深，頭目來不及拔出來，頭目被山豬甩得翻了幾滾後才站起來。

這時其他的族人也趕過來救援，頭目叫大家散開，命令隨隊的小男孩們爬到樹上，以免被山豬「觸死」。

這時，身上插著刀刃、憤怒的山豬突然回過頭，衝向人群，然後朝向頭目衝過去，老頭目赤手空拳迎向山豬，當山豬撲近他時，他側身蹲下來，用右臂又準又狠地夾住山豬的頸子，一隻手迅速拔出豬身上的刀子，朝山豬再猛刺一刀，山豬才不支倒地，其他的族人趕快補上幾刀，終於辛苦的獵得這頭大山豬。

族人抬回獵物，頭目只留下豬牙當紀念品，其他仍全部由族人一起分享，頭目不得選擇吃那一部分，完全「公家吃」。

目睹這一幕的小頭目袁福田說，只要被山豬牙「觸」到，這個人就是「屬於山豬」，也就是幾乎必死無疑。所

以赤手獵山豬，幾乎就是一次生死的搏鬥。

　　另外一次，則當野山豬撲向老頭目時，老頭目一刀插進山豬的血盆大口又捕獲一頭山豬。

　　如果有人在打獵當中受傷，被抬回來後，「神生媽」（女巫醫）就用藥草治療傷者，全村的族人圍著受傷的人跳緩慢的舞步，唱歌祈求神明顯靈拯救垂危的子民，不要讓茄苳的「葉子」又掉了一葉。

　　頭目袁福田說，三、四百年前，他們的祖先當初就相信，只要茄苳樹葉長出一葉，就會多一個族人。

　　因此，茄苳樹的生死，也就成為邵族興衰的「指標」。這又關係到一件「最後的茄苳樹傳說」。

　　狩獵為邵族人主要的生計之一，其中又以鹿獵和野豬獵最為重要。捕獲獵物時，係由所有出獵者共同持分，獵到該獵物者可獲得這隻獵物的頭骨，象徵其武勇善獵，返家後會將獸骨懸掛於屋前。⑤

　　原住民獵捕山豬是智慧與勇氣的的表現，山豬會橫衝直撞，其大獠牙又非常銳利，因此常常有獵犬被山豬的大獠牙弄得腹破腸出，獵人也常被山豬弄得遍體鱗傷，所以在台灣的原住民各族都視獵得多隻山豬的勇士為英雄，給予無上的崇榮與敬仰。

【註釋】
①台灣空中文化學苑《美麗福爾摩沙》第十九期，2002.8。
②同①
③鄧相揚、許木柱《台灣原住民史邵族史篇》，南投，台灣省文獻委員會，2000.12。
④洪英聖《台灣先住民腳印》，台北，時報文化出版企業有限公司，1993.9。
⑤同③

第二十章

邵族戰爭口傳文學

邵族的部落公共事務是裁決於族人的共同意志，而此一意志的行使又端賴部落會議和族中長老會議的議決，無論是部落的涉外事務、亦或部落的內部事務，皆取決於長老會議的議決。邵族勢力強盛時，廣闊分佈於水沙連區域，曾經建有頭社、水社、貓蘭、審鹿諸社。邵族傳統社會組織是以泛血緣關係爲基礎，透過共同祭儀、共獵等機制，分別形成若干地緣兼血族關係的組織，並以部落間的聯盟形成共同防衛體系。由同一氏族所構成的部落，氏族之族長即爲該部落的頭目，頭目爲長嗣世襲制。頭目平時排解部落族人紛爭，並對造成部落事務重大傷害時施以刑罰，並且執行部落或長老會議所議決之事務，戰時則率領族人對抗外強。早期的邵族社會青壯年負有保衛部族安全的重責大任，因此自小即跟隨父兄輩學習待人處世與部落事務，邵族的社會亦有男子年齡組織，每逢舉行豐年祭時有成年禮儀式，這些青少年居住在會所，接受族中長者的訓練。邵族的部落事務除了各項祭儀有各氏族的職務分工外，族中事務亦有男、女職務分工，男子負有保衛部落安全的重責大任，爲了執行此項事務，則建有男子會所，遇有戰爭或是舉行部落集體狩獵，或是豐年祭的狩獵行動，族中男子皆須居住在男子會所。①

邵族人要進行狩獵、戰爭或出草時都要行鳥占，以靈鳥（即繡眼畫眉）的飛向及啼聲來占吉凶：得吉者行之，若得凶占，則結束所有的部落事務。如果繡眼畫眉從左邊出現，表示吉兆，從右邊出現則表示凶兆。邵族人對夢兆甚爲重視，於祭祀、戰爭、出草、建屋、造舟等大事之前，若有凶夢則要請先生媽舉行禳拔儀式，或是延期舉行或放棄原先的計劃。舉凡夢見火、與死人或惡靈交談、失去物品、沉入水中、造屋前夢賊人等皆是不吉之夢。②

壹、獨木舟誆敵傳說故事

〈獨木舟誆敵〉,《台灣原住民史邵族史篇》,鄧相揚、許木柱:③

邵族人傍水而居,日月潭的潭水是他們捕魚營生的場所,幾乎每個邵族人都精通水性,善於游泳潛水,在水中作業是他們擅長的絕活,而獨木舟是邵族人獨特的交通工具。

邵族人還住在Lalu時,外人若未經邵人接引是到不了Lalu的。水沙連內山除了邵族人外,還有其他族群的人同樣在爭奪較好的獵場及較佳的生存空間,所以邵族經常要面臨周圍異族的攻擊挑戰。

這樣經過了好多年,不管是贏是輸,多少總會有人員及物質的折損,聰明的邵族人就想出一個滅敵的法子。

他們派人到異族的社裏去示好求和,並且邀約異族的壯丁好漢們來Lalu飲宴作客。

別族的敵人不知是詐,以為邵族人力弱求降,大家興高采烈地齊來赴宴,而邵族人不動聲色地,暗中將獨木舟船底鑽洞,再用木塞堵住。

好幾艘獨木舟滿載蒙在鼓裡的異族敵人駛往Lalu。等獨木舟划到潭中時,潛伏水中的邵族人把船底的木塞拔掉,一下子水湧進了狹窄的獨木舟之中,不知水性的敵人們掉進了冰冷的潭水裏,統統淹死。邵族兵不仞血地打了一場大勝仗。

本則傳說故事情節要述如下:

一、水沙連內山除了邵族人外,還有其他族群的人同樣在爭奪較好的獵場及較佳的生存空間,

二、邵族人為爭取獵場及生存空間,經常要面臨周圍異族的

攻擊挑戰。

三、邵族人派人至他族示好求和，且邀約來Lalu飲宴作客。

四、他族人來赴宴，邵族人暗中將獨木舟船底鑽洞，再用木塞堵住。

五、滿載他族人的船隻駛往Lalu中途時，潛伏水中的邵族人把船底的木塞拔掉，讓水湧進獨木舟之中，不諳水性的敵人們統統淹死了。

雙杯共飲此一風俗習慣是臺灣各原住民族群的文化特色，遇有重大節慶，如族中的歲時祭儀，或是出草獵首成功，或是男子成丁，締結婚姻，造舟建屋，族人皆舉行慶典儀式，盡歡亦或代表誠意，族人以酒行並口飲。④

貳、日月盾牌傳說故事

早期邵族亦有獵首習俗，清雍正四年（1126）水沙連社由於邵族抗租，爆發抗清事件，清廷出兵彌平，擒拿頭目骨宗等二十餘人，搜出貯藏頭顱八十五顆，其後又搜出頭顱無數，說明邵族早期保有此項習俗，此項習俗在清中葉以後即告式微。而邵族的歌謠裡直到目前尚有出草歌的流傳，皆是此項習俗的遺跡。⑤

關於「日月盾牌」的緣由，鄧相揚《邵族華采》載：⑥

日月盾牌Rifiz原是祖先所使用的盾牌，在一次戰爭裡，祖先創造了英勇的事蹟，後人為了感念祖先的英勇，就將日月盾牌視為代表祖靈存在的象徵。

日月盾牌：

一、日月盾牌為祖先所使用的盾牌。

二、在一次戰爭裡，祖先的日月盾牌創造了英勇的事蹟。

三、邵族人為了感念祖先的英勇，就將日月盾牌視為代表祖靈存在的象徵。

　　邵族豐年祭甜酒祭祖靈與迎祖靈出巡，八月十五日舉行「甜酒祭祖靈」儀式中，當「日月盾牌」安奉在祖靈屋後，豐年祭進入了另一階段，祭儀則有「帶祖靈出巡」，進行豐年祭結束前的祭儀。

　　在邵族傳統祭典中，此日中午，先生媽們盛裝到達祭場，祭告祖靈：豐年祭將進入更隆重的階段，除了要把代表最高祖靈的「日月盾牌」安奉在祖靈屋內，並舉行「牽田」儀式，帶祖靈到聚落各方去出巡。

　　「日月盾牌」出巡，〈拜訪水沙連嘛哩囉邵族豐年祭〉，黃炫星：⑦

　　　　全社男女老少在祖靈屋聚集會唱後，大家手牽手漫步巡遊村莊各角落。由爐主手捧「日月盾牌」做前導，一位手持長木棒的族人緊跟在後，社眾逐一牽手亦步亦趨地尾隨於後，末尾一位族人握著長把掃帚，拖在地上押陣前行，象徵隔離了鬼魅魔煞。

　　全部儀式進行到晚上，進入了虔誠但熱鬧的安奉「日月盾牌」之夜，族人在安奉儀式中，隨著「日月盾牌」進入祖靈屋，待盾牌安奉屋內後，則依序手牽著手走出祖靈屋，在廣場上圍成一圈，繼續吟唱歌謠，進行「牽田」，隨著參加牽田族人愈來愈多，族眾的情緒愈來愈高亢，跳舞的步伐也愈跳愈快。

　　邵族雖然沒有像排灣族或魯凱族保有蛇形圖騰以及祖靈神像的信仰或崇拜，但邵族每逢豐年祭儀時，則有日月盾牌的恭迎與祈福儀式。⑧

【註釋】

①鄧相揚、許木柱《台灣原住民史邵族史篇》，南投，台灣省文獻委員會，2000.12。

②同①

③同①

④同①

⑤同①

⑥鄧相揚《邵族華采》，南投縣風景區管理所，1999.6。

⑦黃炫星〈拜訪水沙連嘛哩囉邵族豐年祭〉，《台灣山岳》第十五期，1997年秋季刊。

⑧同①

集自然藝術之美的日月潭

壹、邵族人居住在日月潭

台灣第一高山湖泊的日月潭，是邵族人的家鄉，湖面遼闊清澈碧綠，為台灣地區最負盛名且最具發展潛力之天然觀光資源，而日月潭所負盛名久遠，歷經三個世紀沿傳不衰，其無論在地理條件或歷史因素均具意義與價值。

清康熙五十六年（1717），諸羅縣誌卷十二雜記志云：「水沙連四周大山，水深多魚。中突一嶼，番繞嶼以居。」此為最早寫到日月潭地區與邵族原住民生活之記載。

邵族現在總人口數大約有二百八十多人，但在歷史文獻記載中，邵族曾經是水沙連地區的強勢族群，擁有廣闊的獵場和眾多的族民。不過，因為漢族墾民的崛起侵蝕和客觀政經環境丕變，邵族的族勢日趨衰微，儘管如此，邵族在面對嚴苛的衝擊之餘，也始終勇敢而且努力的面對各種考驗，今天他們仍然自豪地擁有自己的氏族姓氏、自己的語言，傳統的農事和狩獵祭也都如往昔般照舊舉行。①

貳、日月潭之名稱與地理位置

日月潭一帶古稱「水沙連」或「水沙濂」，而潭的舊名邵族稱「水沙連」，按廣義的「水沙連」包括現今竹山、鹿谷、名間、集集、水里、信義、魚池、埔里、國姓及仁愛等鄉鎮，狹義之水沙連係指現今之魚池鄉和埔里鎮，而日月潭處於水沙連之軸心地帶。日月潭全潭為屬魚池鄉，也是在南投縣的中央地帶。

日月潭的原名稱為「水沙連」，這個典故與原來住在這裡的原住民邵族，有著密切的關係。日月潭週邊豐富的自然環境資源，提供了邵族族人從採集、狩獵、漁撈到農耕的生存條件，也孕育了邵族燦然可觀的人文特色，他們以民族建立了部落社會，早期成為水沙連六社的地域盟主，也成就了今日居住南投縣水沙連的

「原始住民」。②

　　因為日月潭頗負盛名，所以一般有很多種稱呼，例如：「水里社潭」、「水社海」、「水社湖」、「龍湖」、「珠潭」、「雙潭」以及「日月潭」等名稱，近年來將「日」與「月」合稱為「明潭」。

　　外籍人士也有稱日月潭為「干治士湖」，據林柏維〈生命的光與愛：台灣盲人之父甘為霖〉謂：③

　　　　日月潭又名干治士湖，是第一位訪問此湖的西洋人甘為霖牧師因感念荷蘭首任駐台牧師干治士所取的名字，他說「這個安靜而甜蜜、富有生命的美麗汪洋，願他所宣揚的福音，像湖水一般，成為祝福的源泉」。

　　日月潭群巒疊翠，群山環峙四周，襯托清新脫俗的美景，並形成一處非常完整的集水區。日月潭全區海拔介於六百公尺到二千公尺之間，高低玲瓏，錯落有致。

　　日月潭西邊橫嶺是貓蘭山（一○一六公尺），山頂是中央氣象局日月潭氣象站所在，山腰是紅茶改良場，展望甚佳。

　　東側高峰有番子田山（九三四公尺）、水社大山（二一二○公尺）為日月潭主要地標、卜吉山（一三五一公尺）。

　　南邊則有青龍山、沙叭蘭山（九五五公尺）、頭社山（八五七公尺）、向山等。西境有阿里眉山（九○四公尺），北有松柏崙等。

　　外圍的治茆山、巒大山、後尖山、集集大山等名山，都探著山頭，拱護著靈山秀水。

參、日月潭湖泊之歷史與水域和氣象

　　依據地質學家認為日月潭、頭社及埔里原為一片大湖，惟因地殼變動造成不斷的摺曲及陷沒作用，形成無數大大小小的盆

地，之後因蓄水而形成山間湖泊，然而歷經再填充或決堤之歲月乾涸，日月潭身因未到河川割將水向溢流又無來砂充填且有當之水流，因此存了水之存，沒河川流注日月，是日月潭的一大特色，日治時期，日本人為了開發電力，並引水築壩增加了湖域面積與高度，乃成今日之潭。④

日月潭水域面積有五‧四平方公里，自然湖面，海拔七二六‧八公尺，潭周圍長二十四公里，潭高漲時可至三十二公里，平時水深約二十七公尺，潭面海拔七四八公尺，水面提高後之最高水位為七五〇公尺。

日月潭全潭分為日潭及月潭二大部分，自古便有「雙潭映月」的雅號。潭的中央有原呈八卦狀的珠仔山，日據時日本人稱為「玉島」，台灣光復後配合日月潭改名為「光華島」，取「日月光華」意。近年來政府歸還該島給邵族，該島又恢復邵族原住民原來的稱謂「拉魯島」。

所謂「珠潭浮嶼」即指「拉魯島」而言，「拉魯島」是賞遊日月潭時，遊客視覺的焦點。

日月潭以拉魯島為界，拉魯島北半部的潭水形如日，稱為「日潭」，南半部狀似月鉤，稱之「月潭」，合而稱名為「日月潭」。

日月潭全年平均溫度為二十一點五度，全年雨量分配不均，雨季多集中於五至八月；平均相對濕度介於百分之八十一點一至八十三點六，屬高濕度氣候，適合森林浴及健行；平均風速每秒零點九至一點三公尺，屬一級風，輕拂徐人；日月潭霧多，每月平均出現霧的天數在五點三至十四點九天，幻象萬千。⑤

肆、山巒疊翠的日月風光與豐富的生態資源

日月潭有美麗的湖光山色，周圍青山碧綠，群山環繞，水光

山色，嵐翠宜人，碧波蕩漾，風景如畫，而其湖山之美更因季節晴雨而有千變萬化的迷人意境。在天色晴麗時，堤岸籠翠，湖水晶瑩，如琉璃，如翡翠，一塵不染；若逢煙雨迷濛時，霧靄凝睟，似真似幻，令人如置身仙境，真是不施粉黛而顰笑自若，一風一雨而韻味天成。

日月潭朝暉夕陰皆可賞觀，在舒適宜人的條件上，加上多變的氣候因素，造就莫測的季節與晨昏變化。古云「清晨朝露凝翠，日出錦霞萬道。又俄頃間煙消雲散，青山綠水，真似置身於幻境之中」。遊玩日月潭絕非一朝一夕可以飽覽的。⑥

日月潭四週環山，山與潭水層層相疊，清晨時的山巒疊翠，黃昏時的夕陽斜照和雨後空氣中的香潤甘甜，都是日月潭叫人陶醉的地方。

日月潭原來是台灣第一大天然湖泊，雖然被整建為發電用水庫，惟仍舊維持其既有之自然景觀與風貌，

日月潭是台灣開發很早、具有國際知名度的觀光區，然而地球上有山有水的湖泊到處皆是，單靠山水風光，尚不足以讓日月潭揚名中外，日月潭之所以獨特，是因為這裡有一支全球僅見的少數民族邵族。

日月潭自清康熙乃至日據時期到現今，即有其觀光地位。日月潭在清朝統治時代，就已經是著名的風景區，於清康熙元年，為諸羅縣六景之一（水浮沙嶼）；道光十二年，彰化縣八景之一（珠原浮嶼）；光緒二十年，雲林縣八景之一（珠潭映月）。

日據末期昭和二年，日月潭被列為台灣的「八景十二勝」中的台灣「八景」之一。

民國四十二年，台灣省政府文獻會亦選定其為台灣新八景之一（雙潭秋月）；民國八十四年台灣省政府交通處旅遊局全省票選為台灣十二名勝之一（明潭清波）。

　　日月潭近年來也被列入台灣十二景之一，亦曾被大陸選爲中國十大名勝之第八。可見日月潭長久以來，就是最能代表台灣風光的風景區之一。

　　日月潭之美，早期就有自個兒的八景：

　　　　潭中浮嶼、山水拱秀、潭口九曲、萬點漁火、

　　　　獨木番舟、番家杵聲、荷葉重錢、水社朝霧。

　　後來又有新的八景：

　　　　雙潭浮嶼、珠嶼老楠、前擢刳舟、泰山朝暾、

　　　　卜吉斷霞、石印杵聲、泛宅雞語、荷間沈鈞。

　　關於日月潭風景區，民國五十八年公佈「發展觀光條例」，台灣省政府於五十九年公告爲「省定風景特定區」（當時並無分級制度僅公告有省定及縣定二類）但公告範圍，且因台灣省政府並未設置專責管理單位，故委由南投縣政府代管。民國六十八年發布「風景特定區管理規則」，七十七年並修正發布該規則，訂定「國家級、省級（市）級、縣（市）級三等及風景特定區之評鑑標準，交通部觀光局乃於七十八年及七十九年間分批辦理全國風景特定區之等級評鑑，該時日月潭評鑑分數已超過國家級之門檻，惟因考量其原爲「省定風景特定區」，且南投縣政府已設專責管理單位，短期內又無法增設管理機關，故暫時仍然維持其「省級」之地位。民國八十一年台灣省政府乃公告爲「省級風景特定區」，其經營管理範圍爲現行「日月潭風景特定區都市計畫」之範圍，即一千九百七十四公頃，惟乃由南投縣政府代管。民國八十八年因九二一世紀大地震影響，日月潭百廢待舉，重建迫切，逐由交通部循序辦理相關作業。於八十八年十二月三十一日公告爲「國家級風景特定區」，又爲因整體發展之需要，其經營管理範圍乃擴增爲九千公頃，並於八十九年元月二十四日正式成立，「交通部觀光局日月潭國家風景區管理處」專責管理。目前日月潭國家風

景區之經營管理範圍為，即以現有日月潭風景特定區（都市計畫）為中心，北臨魚池鄉都市計劃界線，東至水社大山之山脊線為界，西至水里鄉與中寮鄉之鄉界，南界則以台二十一省道及水里都市計畫為界，合計面積約九千公頃；其中主要增加部分為左右兩側之水社大山，水里溪流域、集集支線終點站的車埕社區。另外九族文化村、水里蛇窯、明潭、明湖、與大觀等也是新增的據點。⑦

　　日月潭是台灣中部中海拔山區獨特的湖泊，因為在多變的氣候環境下孕育了良好的生態環境，也產生了豐富的生態資源。日月潭的周邊有著豐富的動植物生態。

　　日月潭地區的生態資源包含了日月潭、水里溪水域及其周邊社區、道路及步道沿線至水社大山與集集大山稜線，全區共計有七十三種特有及特有亞種植物、四十八種特有及特有亞種鳥類等，當然也包含了三十多種稀有保育類動物。在這片自然環境中，除水域外以山林居多，蘊育出豐富的動植物資源，動物以昆蟲與鳥類居多。常見的昆蟲有甲蟲類、蜻蜓、鳳蝶、蟬及螢火蟲，常見的鳥類有小白鷺、夜鷺、翠鳥、大冠鷲、五色鳥、竹雞、小彎嘴畫眉等。⑧

　　日月潭除了有非常多樣的林木與植物和鳥類、爬蟲類等，動物上比較特殊者有蝴蝶、秋形蟲、螢火蟲等昆蟲類，鳥仔花及四角菱角等植物，吉利魚及曲腰魚等魚類。

　　反思日月潭自然生態相當豐富，不過由於過去對於自然生態資源的認識不夠，而經營管理單位對於觀光遊憩之推展則只注重在設施之建設上，以致無法好好保存與運用如此珍貴的資源，使得部份資源已經絕跡！現今旅遊水準已經提昇許多，觀光公部門的策略必須調整，再造日月潭旅遊的契機。

伍、日月潭環湖美景

日月潭之美，在於湖山並列，如詩如雲，煙坡浩瀚，氣象恢宏，且無論四季、陰晴皆有其不同的美，春天梅、櫻齊放，爭奇鬥艷；秋天菊肥、楓紅，瀲艷飄盪；煙雨迷濛時，霧靄凝眸，似真如幻；天色清麗時，嵐翠清新，碧波蕩漾，真個「淡妝濃抹兩相宜」。⑨

日月潭除了有優美的自然景觀外，景點很多，例如：慈恩塔、玄光寺、玄奘寺、拉魯島、德化社、孔雀園、文武廟……等。而遊憩景點的建築亦具特色。

(一) 教師會館

自日月潭車站的涵碧樓環湖而行，有建築新穎的教師會館，佔地廣闊，園林依山傍水，種滿了桃李、樹，春天時節，漫山遍野花開璀燦如錦。教師會館建於民國四十九年。

(二) 青年活動中心

在日月潭東岸與教師會館遙遙相對的是青年活動中心，由救國團興建，設備齊全，優雅有緻，為青年學生及機關團體人員提供了一個價廉物美的休憩好地方。

青年活動中心顧名思義這是屬於年輕人的天地，在錯落的杉木林間，有佔地頗廣的山地體能訓練設施，全以原木架構，是年輕人鍛鍊體魄，樂而忘返的好所在。

(三) 慈恩塔

慈恩塔位於沙巴蘭（青龍山）山上，海拔九百五十四公尺，為日月潭最高的地標，是一座純中國式的寶塔建築。慈恩塔高近四十六公尺，塔頂高度洽為海拔一千公尺。

慈恩塔係先總統蔣公爲追思其母王太夫人所建，且以先總統蔣公，爲感母恩偉大，興築此塔，期以昭示國人，克盡孝道，永懷慈恩。「孝子不匱，永錫爾類」，即此之謂也，來此者，當能有所感而化矣。

慈恩塔是一座東方風味濃厚的寶塔建築，塔身九層，每層飛簷終端均掛著小鐘，典雅清新，山風吹來叮噹作響。由塔底上望，整個塔由無數個八卦圖層層疊成，蔚爲奇觀。

而塔頂有一口慈恩巨型銅鐘，重兩千斤，晨昏定時敲響，鐘聲敲滿三百六十響，響徹日月潭數十里。暮鼓晨鐘裡，令人在徜徉山水之餘，多了一分沈思的機趣。

慈恩塔前方即是蔣公慈母王太夫人的紀念堂，是一棟二樓建築，佈置的古色古香，雍容典雅。

站在慈恩塔最高層往拉魯島望去，拉魯島、玄奘寺與慈恩塔，洽位於同一條中軸線上。

民國五十七年蔣中正在日月潭青龍山建慈恩塔，塔高海拔九九九點九公尺，就是取「九九皈元、認母皈元」之意，據說與國運相關。

（四）文武廟

文武廟座落在潭北山腰上，殿宇建築依山勢緩緩而上，屋頂以金黃色琉璃瓦覆蓋，在蒼蒼樹林中非常耀眼，廟貌巍峨壯麗，廟內供奉至聖先師孔子及武聖關公。登臨後殿迴廊，可眺望日月潭全景。

日據時期，台灣電力株式會社計劃在日月潭興建全台最大的發電廠，因而使得原本居住於潭畔約兩百餘戶的居民必須遷村，當時位於潭畔的水社有「益化堂」祭祀孔子與文昌帝君，而卜吉村有「龍鳳宮」祭祀關聖帝君，此二廟亦須撤離，於是經由兩廟

管理人同意及庄民大會決議，兩廟之廟產由電力公司收購，而所得款項擇地另建廟宇以作爲移民紀念，於是兩廟遂合併，並取名爲「文武廟」，是今日文武廟的前身。新廟在日月潭北畔松柏崙山坡上動工，於民國二十七年峻工，當時新廟的廟區並不大，後來有鑑於日月潭日益繁榮，更是台灣首要的風景名勝，而廟區狹小已不敷朝聖，遂於民國五十八年再次重建，才成就如今宏偉壯麗的面貌，文武廟爲中國北朝宮殿式廟宇建築，規模宏大，氣勢磅礡，爲台灣頗具代表性的廟宇。廟埕寬廣，兩旁有朱紅色的巨獅雄踞是其特徵。廟內分前中後三殿，前殿二樓爲水雲宮祀開基元祖、文昌帝君等；中殿武聖殿祀關聖帝君、岳武穆王等；後殿大成殿祀孔子暨七十二賢等，另祀有華夏各諸神。⑩

文武廟於六十一年元旦竣工。該廟爲方便香客住宿，於七十八年一月完成興建景聖樓一棟，可供三百人集會與住宿使用。

文武廟的石碑寫著：

> 溯自道光年間，五城之拓開越崙山，始發見有珠潭浮嶼，即台灣八景絕勝之名區，由來久矣，回想當日，兇番霸據而居，今朝皇道敷施。叢爾之微區，遂作天然之勝，概千古上之隱處者有人，千古下之遨遊者有眾，杵音和歌於夏日，酌酒聊泳乎秋風，漁人搖舟唱晚，水鳥展翼衝波，墨客騷人興懷把筆，醉月飛觴，流連忘返，比之瀛洲蓬島，無比佳勝也，然以電力工事竣功，潭面水漲，住民移轉，而龍鳳宮益化堂之廟宇，相繼撤廢，諸同志目擊心傷，且承聖人指示，議建以文武廟，士子等竭力募金寄附，眾擎易舉，果得廟宇竣成，美輪美奐，乃于戊寅荔月零八日奉行盛大落成式，而神光顯化，感沐恩高無可答，故於此地，藉助溪山之勝，永爲神仙之居，同人之願也，是爲記，歲在甲申暢月。

（五）玄奘寺

玄奘寺位於日月潭畔，青龍山首，居高臨下，俯瞰潭水，與拉魯島相對，地有「青龍戲珠」的靈氣。

玄奘寺雕樑畫棟，青磚綠瓦黃廊，前埕平闊，極目而望，日月潭風光一覽無遺。玄奘寺是紀念唐代佛教玄奘法師而建，寺內供奉玄奘大師舍利子尤為珍貴。

寺沿山而建，地基分為兩層，下層臨環湖公路，置有浮雕「玄奘大師西域遊行圖」，旁塑門神二尊及大象二座，大象塑像在其他廟宇不多見。有碑文三幀，左為「日華佛教親善」的碑文，中為「大唐玄奘法師傳」，右為「中日佛教親善交流紀念碑」。拾階而上，上層為寺之所在，前置山門牌樓，右側設鼓，寺為仿唐式建築，分二樓三層，上樓有蔣公親題「國之瑰寶」匾額一塊。⑪

玄奘寺建於民國五十一年，是座古色古香的中國唐式廟宇建築，內供玄奘大師西行取經像及佛教諸佛聖像，並奉有小型靈塔一座，安裝玄奘大師靈骨舍利子。

二次大戰結束時，日本人由南京將玄奘法師的靈骨帶往日本，後來於民國四十四年將靈骨歸還我國，迎回靈骨後就是供於玄光寺，民國五十四年十一月又改迎至附近的玄奘寺，也使得這兩座寺廟成為佛教的勝地。

（六）玄光寺

所謂「山不在高，有仙則靈」，日月潭湖畔也建有不少的廟宇，喜愛探索宗教和人文者也可一一造訪。

玄光寺於民國四十五年興建，是祀奉唐三藏，雖然廟小而非常潔靜，幽雅、精琢的環境是一個清修的好所在。

玄光寺位於青龍山的尾稜，臨潭背山，離潭僅有十餘公尺，寺中供奉著玄奘法師的金身，上懸「民族宗師」匾額，以紀念玄

奘法師西行取經，險渡流沙，攜回數萬經卷，對佛教及中華文化貢獻很多。

張道藩先生曾在寺門上題一副對聯：

潭影烏花契彈性

晨鐘暮鼓發天心

據台灣省文獻會《耆老口述歷史三：南投縣鄉土史料》載賴江和〈奇聞怪事記〉：⑫

第二次世界大戰結束後，日本軍在大陸竊取之玄奘靈骨送還中華民國，當時魚池鄉長黃登鳳聞到消息，即向佛教會及總統府有關單位爭取在日月潭建奉安所。當時全省有數十位縣市鄉鎮爭取，結果採用黃登鳳之建言建寺在日月潭，發展觀光事業，功莫大矣。

玄奘寺前方，傳聞地氣極佳。民國五十四年，玄奘寺建成，聖僧顱骨方才供奉於玄奘寺，供人瞻仰。寺之下層奉法師舍利子，釋迦牟尼佛金身。⑬

（七）孔雀園

孔雀園是一處精緻的動物園，有孔雀及多種名貴的珍禽如金雞、銀機、台灣山娘、雉雞、長尾雉、白冠雉等十餘種一百多隻。

孔雀園成立於民國五十七年十月間，為先總統蔣公指示何應欽將軍暨前臺灣省主席黃杰等人，以日月潭山明水秀，築園專飼孔雀珍禽，藉以增進日月潭湖山之美。

孔雀園於七十四年六月贈與南投縣政府管理，繼續提供遊客免費參觀，園內並建築蝴蝶博物館一座，陳列中外蝴蝶標本，詳加解說，以提供遊樂與教育效果。

（八）德化社

德化社是日月潭邵族的主要聚落，是體認邵族風情的好去處，每年在此都會舉辦豐年祭和播種祭儀等。

德化社這裡藝品、特產品林立。德化社海拔七百三十公尺，在環湖公路沒有完成以前，必須靠小船或遊艇聯繫。

（九）拉魯島

拉魯島原為邵族聖地，九二一大地震之前，島上遍植龍柏，青蔥高挺，遠望整個拉魯島，就像一粒綠色的珠子。

清代自康熙初年，一直到光緒乙未割台，珠仔山的稱呼，只有兩種，除此之外，另有個較為文言的雅名「珠嶼」。山中有水，水中有山，是日月潭風景的最大特色。因此，無論行政區域如何重劃，在選定八景（或六景）時，都不會遺漏了日月潭，當然景觀名稱也都繞著珠仔山打轉。像在諸羅六景時，稱為「水沙浮嶼」；彰化八景時，稱為「珠潭浮嶼」；雲林八景時，又改稱「珠潭映日」。日治時期，珠仔山搖身一變，改了日式的名字，叫「玉島」，又作「中之島」。二次世界大戰後，取「日月光華」之義，將珠仔山命名「光華島」。⑭如今「光華島」已經改回邵族人具有神聖意義之原來名稱「拉魯島」。

大正八年（1919）起，日月潭和邵族人，同時被推到命運的轉折點。日本殖民政府為了發展台灣輕工業，帶動經濟起飛，便開始規劃日月潭水力電廠興建工程。由於資金籌措不易，工程延宕到昭和九年（1934）才完成。

電廠一完工，日月潭的湖面馬上增加一‧三五倍，水位上升十八‧一八公尺，蓄水容量增加六‧七二倍。

為了創造這個四千五百萬千瓦的電流，使得原本有八公頃面積的邵族祖靈聖地Lalu，即是日後被更名的「光華島」，僅存不到

一公頃的露頭；而原本湖畔的低地聚落和耕地，盡遭淹沒。居住在Tarinkuan的邵族人，也因此盡數被遷往卜吉庄（今之德化社）。

日月潭水力發電廠雖然照亮了全台灣的民生與經濟，但這卻是犧牲了邵族的家園換來的。

拉魯島潭底下淹沒的曾是邵族的家鄉，日據時代，為了蓋水壩，邵族人被迫遷村，從潭底來到今日的德化社。

邵族的聖島「拉魯島」即我們所熟知的「光華島」，這個「潭中浮嶼」小土丘的拉魯島，小歸小，卻遺留著各種政治勢力入侵的刻痕。

之前它叫「珠仔嶼」或「珠子山」，日據時期日人稱為「玉島」，民國三十四年，抗戰勝利，台灣重歸祖國的懷抱，民國三十五年，被國府人員劉文島改名為「光華島」。

還有一個故事：有一次，先總統蔣公，偕公子經國先生遊日月潭，經國先生告訴先總統說：「光華島的名字是劉先生取的」，先總統含笑的說：「為什麼不取『劉文島』呢？」⑮

西元一九一六年（日大正五年）台灣總督府的一位技師山形要助，向當局提出建議，設日月潭水力發電廠。西元一九一九年（日大正八年）五月，成立半官半民的台灣電力株式會社。同年八月，開始興建發電廠，中間曾因經費不足，一度停工，至西元一九三四年（日昭和九年）竣工。⑯

珠仔山自古以來就是水社的聚落，日月潭既築水壩，集水面積擴大，水位上漲珠仔山被淹沒殆盡，只露出原來的山頂部份，點綴著日月潭。在工程進行當中，即一九三一年，日人在珠仔山上蓋了一座境域約十坪的神社「玉島祠」，祭祀日本的水女之神「市杵島姬命」，自日本廣島縣的佐伯郡嚴島神社分靈而來，一方面是作日月潭的守護神，另一方面也含有乞求庇護水力發電工程早日完成的意義。⑰

　　玉島祠建於一九三一年七月十七日，十一月二十四舉行鎮座典禮，當時曾請台北帝國大學教授文學博士久保得二（天隨）撰寫〈新建玉島祠碑〉，立石祠中。二次世界大戰後，玉島祠拆毀，改建爲遊覽處所，石碑也被遺棄於嶼腰潭中。民國八十年夏乾旱，潭水驟降，石碑浮出，爲南投縣政府日月潭風景區管理所發現，移至今光華島（拉魯島）上。⑱

　　玉島社在日月潭之小島上（現爲光華島）爲湖水之守護神，而奉祀嚴島神社（在日本廣島）分靈市杵島姬命。爲昭和六年十一月二十四日座領，因位于四圍幽寂之神秘境，社殿鳥居（神社入口之大門）之倒影投映於湖面搖曳，頗鳥崇嚴美觀，各方之遊客朝拜者亦多。⑲

　　邵族人很早以前是住過拉魯的，拉魯島的周圍都是水田，女祭司也是到拉魯上去學做先生媽的。

　　對拉魯島的描述如清康熙年間郁永河「裨海記遊」的記載不但具體而且帶有幾分浪漫：

　　　　水深多魚，中突一嶼，番繞嶼以居，突其頂，頂爲屋，則社有火災。岸草蔓延，繞岸架木浮水上，藉草承土以種稻，謂之浮田。隔岸欲詣社者，必舉火爲號，番划艋舺以渡。嶼圓淨開爽，青嶂白波，雲水飛動，海外別一洞天也。

　　這段文字清楚地描述了邵族人在拉魯島上築屋、耕種及交通往來的生活情形，毫無疑問的，這是邵族的舊社之一。

　　民國八十八年九二一大地震是台灣百年大震，島上兩塊日據時代的土石碑被震裂，老蔣總統時代種植的龍柏樹倒了好幾棵，最荒謬的要算是民國七十七年，南投縣政府爲舉辦水上集團結婚，蓋了一座五顏六色的月老祠，被震得全倒在地，月下老人亭應聲而倒，被搶救出來的月下老人，後腦勺空了一塊。

　　邵族人是最早生存於日月潭的原住民，而且一直持續至今。九二一大地震雖然讓邵族的祖靈地拉魯島受到驚擾，但也一舉催毀了邵族人的心頭之痛，即近二十年來月下老人銅像日日夜夜地侵擾邵族祖靈神聖地。

　　月下老人的毀棄，象徵著邵族人重建的希望，正如邵族家園雖在地震中傾頹殆盡，生活困頓，卻也震醒了邵族人的族群尊嚴與希望。

　　九二一大地震後震出邵族新日月，各地重建家園之聲不斷，對於居住震央附近日月潭的邵族來說，要重建的不只是震垮了的房子，更重要的是找回失落的邵族傳統文化。

　　Lalu島是邵族最高祖靈駐守的地方，在邵族的傳說中，為免祖靈遭侵犯，拉魯島上不可有任何建築物，同時全島僅能種植代表邵族子孫繁衍茂盛的茄苳樹。

　　但是日據時代以及台灣光復後，日本殖民政府與國民政府以強勢文化入侵拉魯島，在島上大興土木，使得今日的光華島已不復往日風貌。

　　Lalu是邵族人心目中無可取代的聖山，為還邵族尊嚴，同時尊重邵族聖域，政府單位應具體回應邵族長老及各界文史工作者發起的「正名」行動，展現尊重原住民文化的誠意。

　　拉魯島在地震後，南投縣政府決定將邵族人的聖地光華島，歸還邵族，並正名恢復舊名「拉魯」，同時也決定不再重建讓邵族人深感屈辱的月下老人。

　　民國八十九年二月十九日邵族朝思暮盼的祖靈地「光華島」終於正名為Lalu（拉魯島），為邵語「心中聖島」之意，為邵族帶來新的契機。

　　我們冀望把拉魯島的重建工作，交給邵族傳承文化，因為拉魯島原本就是屬於他們的，讓他們重建屬於邵族的聖地，讓祖靈

安心，並爲年輕一輩找回失落的文化，重塑屬於邵族的日月潭新氣象，這也是他們所衷心期盼的。

　　拉魯島是邵族人的聖山，應該讓邵族人在島上種植邵族的生命樹茄苳樹，這裡是清靜的地方，不宜在此大興土木搞觀光，任意打擾祖靈。政府應該歸還這塊屬於邵族祖先的遺址，重建一個邵族文化傳承的聖地。

　　民國八十八年九二一大地震之後，瀕臨滅絕又天災加人禍的邵族全族覺醒了，「把光華島還給邵族人！」這是邵族人一直以來一致的要求與夢想。

　　大震後，光華島地裂土崩，這座「潭中浮嶼」的模樣，竟像過年吃的「發粿」。月下老人被震倒了，族人咸信祖靈生氣了，因爲邵族人沒有盡到護衛祖靈聖山的義務與責任。

　　拉魯島是邵族的聖地，爲邵族最高祖靈Pacalar聖地，本來就有一個美麗的名字，也有一頁動人的傳說。傳說中，還有一隻牽引著想像力的白鹿……。

　　然而，戰後國民政府來台，卻被強烈的政治企圖命名爲「光華島」，強迫人家的宗教祖靈聖地「光耀中華」或「光復中華」，而且強硬的把五顏六色的月老祠堂強佔邵族的宗教祖靈聖地，這不是霸道不講理、不尊重人家的固有文化嗎？

　　不管光華島解釋成「日月光華」，以「日月」映「光華」，都不比於「拉魯島」來的光榮與實際。

　　值此政府應該重新反省救贖的時刻，何不把拉魯島具體而完整地都一併也還給邵族？雖然只是一個小小的一個島，從此由族人重新命名、重新規畫，重新種植邵族的生命樹茄苳樹，讓邵族文化在此重生，在這塊屬於邵族祖先的遺址，重建一個文化傳承的聖地。

　　政府歸還拉魯島給邵族人，在象徵意義上，既有欠也有還，

何況只是在歸還以往竊據邵族人的土地而已。

「拉魯島」位於日月潭的中心，海拔約七四五至七五〇公尺，原是邵族人虔誠信仰祖靈神聖的一座聖山，邵族人的先生媽，也就是女巫，擇定人選時，必須在黃道吉日到拉魯島請示祖靈，得到祖靈的同意，女巫才能得到資格，日後才能負起頌念咒語、主持部落祭典的重責大任。

「拉魯島」上有一座月下老人亭，據說是民國六十七年時某教授到日月潭，演說中提到日月潭美如杭州西湖，可惜少了一座月下老人祠，因此當時的縣長，就蓋了月下老人祠，每年並舉行集團結婚，保佑至此一遊的有情人終成眷屬。

民國七十六年南投縣政府為了舉辦水上集體結婚，特地塑立月下老人銅像。邵族最高祖靈地變成觀光客和情侶的浪漫旅遊地點，喪失了邵族原有神聖的歷史文化意義。

至於拉魯島名「珠仔嶼」或「珠子山」，「珠」名的由來，據學者黃炫星說，係因前後山島形狀，既外顯突圓又內封濃蔭，遠眺酷似一座浮起的圓珠，才以「珠」名。

還有一種說法，說潭東沙巴蘭山，九五四公尺，今山頂建有慈恩塔的稜角青龍山、跟向山的岬角崙，恰好把光華島銜在相對位置的中央，有如「雙龍戲珠」、「二龍奪珠」的形勢，所以便稱為「珠仔嶼」。

邵族人爭取「光華島」正名為「拉魯島」，可謂歷經艱辛萬苦，早期即有復名的聲音。

民國八十七年八月二十七日，日月潭觀光季，南投縣政府發表「邵族容顏」，緣於八十六年多年來積極研究邵族文化的簡史朗、白宏如（筆者同學）、黃炫星及鄧相揚諸學者，與南投縣立文化中心配合，蒐集許多豐富文物及資料，並攝製成第一支邵族紀錄片「邵族容顏」，片長一小時，對於保存邵族文化，可謂功不可沒。

　　「邵族容顏」發表會上許多邵族長老及參與製作的諸學者們咸認爲邵族雖有自己的語言及文化，卻一直被摒棄於台灣原住民九族之外，而先民居住的「拉魯島」被改名爲「光華島」，尤令族人耿耿於懷。建議縣政府協助讓光華島回復原名，完成族人心願，也有助於發揚邵族文化。縣長彭百顯很關心且樂意促成，願意與上級相關單位專案討論還其應有的地位，最後終於有了好的結果。

　　爲了讓邵族文化的風貌能夠發揚光大，南投縣立文化中心委託在地學者鄧相揚先生進行田野調查，經過五年的拍攝過程，終於把邵族的文化、風貌、加以拍攝錄影成珍貴影帶，將邵族豐富的文化資產呈現給國人。期待邵族的文化發揚光大，邵族的春天將不遠了。

　　拉魯島之所以會成爲邵族祖靈聖地，據說是因爲：當年族裡最有智慧的長者去世後，族人爲了表示敬重，會把長者的遺體埋在拉魯島上。

　　邵族人視拉魯島爲聖山，至今仍然保持著流傳的禁忌，如每年只有選出「先生媽」（女巫）時才可以到拉魯島去，這是族人的傳統禁忌與儀式。

　　相傳珠仔嶼原來有一顆碩大的茄苳樹，其枝葉根莖的繁茂與否代表著邵族人的興衰，如今茄苳樹已經沉沒在湛藍的潭水裡，有謂被漢人砍倒了，祖靈似乎也就不再祝福邵族人了！

　　茄苳樹的傳說，後來應驗了邵族的族運，自康熙、雍正、乾隆、道光、咸豐、同治、光緒、日據以迄台灣光復，邵族族人歷經了「水沙連之變」、「骨宗事件」、「林爽文事件」、「郭百年事件」、「平埔族群入墾水沙連」、「屯制」、「隘制」、「草地租」、「亢五租」、「日月潭發電工事」、「強制移居」……的重大政經變遷，使得邵族族人流離失所，在苟延殘喘中，邵族族人憑著剛強

222

的毅力，平和的態勢，依存在日月潭畔生生不息，並且蘊育出燦然可觀的人文特色。⑳

日月潭畔邵族相傳拉魯島上曾有一棵茄苳樹，是邵族的血脈所在，但漢族入侵後砍下這棵樹，從此邵族開始衰微，至今只剩二百多人。

台灣省社區關懷協會關心日月潭和邵族，曾經在八十七年十二月廿六日聯合邵族、泰雅族、布農族及漢族共同在德化社潭畔種下邵族消失已久的「血脈之樹」，並命名為「族群共榮樹」。

此次種植「族群共榮樹」活動主要目的，是能在水沙連土地上重申和平共存，不再有以往的欺騙、殺伐。各族群在種樹儀式後，在潭畔唱歌跳舞，並乘坐小船報佳音。

九二一大地震，拉魯島整個迸裂開來，傳言日月潭水庫的壩體也震出了裂痕，為了水庫的安全起見，台電把日月潭的蓄水位下降六公尺做必要的檢查。

由於日月潭的水位退了五、六公尺，從拉魯島迸裂或浮出潭面的土地上，還可以撿到一些燒陶碎片與石器，並且還發現了一個大約一公尺四方的灰坑（史前人類的垃圾坑）。可見此地不僅是邵族聖地，也是一個考古遺址。

邵族目前許多的聚落遺址仍然在拉魯島周圍潭深二十幾公尺的水面下，據考古報告，日月潭的湖岸緩坡面多有舊社的遺物，稀疏地混雜於石礫之間，包括瓦罐、打製鋤鏟形器、打製刀形器、戈形器殘片等等。

面對九二一震災後的日月潭重建，邵族人呼籲各界正視邵族人的生活文化與日月潭的緊密關連，確實重建邵族族群的文化生活空間與族群永續的經營與傳承。

日月潭的重建，應該不只是觀光硬體的重建，務必也是邵族文化的重建。日月潭的災後重建，邵族人應有當然的參與權。

　　重建日月潭不應以商業化的機制爲導向，而要以日月潭原住民邵族文化當作主體，不但要歸還光華島，還要重新思索邵族的未來，思索如何彌補政府「重劃」邵族聚落所造成的集體傷害。

　　邵族文化資產是極爲珍貴卻也極度脆弱的，邵族原住民和日月潭幾乎可以當成同一件事來看待，可惜，日月潭的原住民文化早就成爲不倫不類的純商品，不但有國外進口的看起來像原住民的工藝品，也有大量生產的假原住民商品，更有漢人製作的想像原住民商品。

　　原住民文化近年來已成爲世界各國進入國際的最佳外交利器，如果要提升日月潭成爲「國際旅遊聖地」，最有利的資源恐怕仍舊是活生生的邵族文化。

　　邵族神聖不可侵犯的Lalu島應完全歸還給邵族，重建計畫應由邵族人全權決定。

　　九二一地震讓拉魯島受到嚴重的傷害，南投縣政府於民國八十八年十月十二日發的函件「八八投縣觀籌字第一二四〇五號」函件，附有一份言明具有「表現邵族文化特色，以文化重新出發」美意的「九二一災變後Lalu島重建之建議書」。邵族人原以爲有機會藉此讓邵族重建獲得族群的尊嚴，沒想到卻是一份迫使邵族文化遭遇二度傷害的文件。邵族人細查了這份附件，乃提出邵族重建拉魯島Lalu聲明。

　　李登輝總統未卸任前，要求日月潭必須「擴大版圖及功能」才能正式成爲國家級風景區，這將是日月潭觀光區的轉機。

　　但是日月潭有的不只是好山好水，還有珍貴的邵族文化，所以重建應以邵族爲「主題」，而不僅是一個「景點」。

　　但是交通部觀光局許副局長對於邵族人提出「歸還拉魯島」及「建立文化園區」的構想十分不以爲然，認爲「要求必須合情合理，才能讓人接受，光華島是國有地，每個人都能去，邵族要

那塊地做什麼？」

　　他認爲德化社建築毫無特色，文化也不夠精緻，他說：「要是新的文化園區也變成那副德性該怎麼辦？」

　　又說：「光華島可以設個表演場，讓邵族在那裡表演歌舞，這樣也很好啊！」

　　我們試問邵族人要回他們的土地，錯了嗎？政府應給予扶持，幫助其成長才對，至今大漢沙文主義還在作祟，仍不思悔改，強盜還罵受害者不聽話，請問天理何在？天理何彰？

　　劉文島將「拉魯島」竄改爲「光華島」，已讓邵族人憤恨了五十餘年，南投縣政府將月下老人銅像豎立於拉魯島上，讓邵族人尊嚴全盤掃地，請別繼續作讓邵族人及全體原住民憤怒的人。

　　對於日月潭的重建與規畫管理，應該努力讓原本該是屬於邵族的還給邵族人，讓他們有個「活路」，已經把他們逼迫到死角巷子了，就不要再逼他們挖老鼠洞自掘墳墓了。

　　據文獻資料，清代於南投境內曾先後設立四所書院，一爲藍田書院，位於南投市，二爲登瀛書院，位於草屯鎮，三爲明新書院，位於集集鎮，四爲正心書院，位於今魚池鄉日月潭拉魯島上，前三所書院目前尚存，而正心書院已無蹤跡可尋。

　　據台灣省文獻會《耆老口述歷史三：南投縣鄉土史料》載賴江和先生口述：㉑

　　　　我是在現在光華島（拉魯島）出生，也在那長大，一直到臺北師範學校畢業後才搬到魚池來居住，所以據我所知我小的時候，書院之地上物都拆掉了，但石腳還在，基礎也在，聽說以前有學校（書院）在教書。

　　　　日本來據臺後，漢學校都禁止了，所以書院也在明治三十幾年拆掉了。

　　　　我小的時候就拆掉了，原樣是還有一點點印象，珠

仔山才三戶，整個日月潭有兩百多戶，那時要到書院是坐船過去的。因魚池是後來才開發的，貓蘭比魚池開發還早，貓蘭的地名，往昔是「原住民」住的地方叫「貓蘭社」，後來移居霧社。

同治年間西方傳教勢力進入了水沙連地區，埔里盆地相繼有三所教會禮拜堂成立於主要的平埔族聚落，教會牧師及隨行洋人經常經由日月潭到埔里傳教及旅遊。⑫

一八七三年美國人類學家史蒂瑞曾來此一遊，有如下記載：

……一名中國老人住在島上……栽種著茶樹。

一八七六年英國商人從台南到淡水旅行，其《福爾摩沙紀行》記錄他經過日月潭時的情形：

湖中央有一小島，島上有一間非常優雅的漢人農舍，我曾在那兒過夜，這家人生活似乎過得不錯。

有名的英國長老教會牧師甘為霖甚至一度想在拉魯島上建教堂，後來消息被清廷官員得知，總兵吳光亮搶先於光緒二年（一八七六）在拉魯島上修建「正心書院」，供奉中國的文神文昌帝君，並兼做教化水沙連化番的義學，這座書院院址在珠嶼的半山山坡，是一座十六公尺長，五公尺寬的房屋，山頂上並蓋了一座六角亭，吳光亮命駐防水社的福銳新右營營官丁汝霖、師爺吳裕明、黃允元兼掌講席司教。⑬

鹿谷黃錫三秀才的〈日月潭沿革概略稿〉中有一段珍貴的紀事：

……有賞官丁姓，建亭於珠仔山頂，額曰：「小蓬萊」，以時遊宴其中，造二小艇，泛潭中，良月夜極遊觀之勝，或樹標，命番人駕舟競渡，先登者賞以酒，潭畔淺處，遍植荷花，夏時花開，風景尤佳。

丁汝霧在珠嶼掌教席，過了三年半的神仙生活才去職，這個

書院和水沙連地區的其他理番義學一樣，都因招不到學生而形同虛設，漸行荒蕪頹圮。（見同上）

　　台灣割讓給日本以後，珠嶼上住有三戶人家，二戶姓賴，一戶姓楊，日月潭發電所計畫開始動工實施時，這三戶人家也被迫遷離了珠嶼。㉔

（十）涵碧樓

　　涵碧樓曾是先總統蔣介石當年的行館。「涵碧樓，是日月潭畔最早的建築物，在日本佔領台灣的時候，日月潭已成為遊覽的地方，訪問日月潭的騷人墨客，亦一天天多起來，所以日人於一九一六年在潭畔高崗上蓋了一座日式二層木屋的涵碧樓，以供遊客們瀏覽湖光山色的休憩之處，其名「涵碧」，為含掩湖山碧色也，今昔迥異，現在的涵碧樓已經改建而為建築宏偉，金碧輝煌的高樓大廈。且成為明潭觀光遊憩之所了。」㉕

　　外觀屬二層樓西式建築的蔣公行館，已在九二一地震中倒塌並拆除，至於目前產權屬於涵碧樓大飯店的「第一代涵碧樓」（位於涵碧樓蔣公行館旁），這幢建於西元一九○一年的日式建築，外觀雖然斑駁老舊，但以檜木築成的主體結構，依然完整，唯部分樑柱因年久失修及九二一地震影響，呈現毀壞狀況。……這幢建築物是當年日本人為了在日月潭建發電廠而建，也是裕仁皇太子停留期間的駐蹕所。在歷經百年歲月中，涵碧樓曾多次改建並有不同功能用途，……日據時代……當時該幢建築是作為道館用。為了保存日月潭百年變遷的歷史足跡，鄉林戶外生活文教基金會乃與文建會合辦「見證歷史重建百年文化」系列活動（民八九年六月），事先徵求一千名志願民眾，在古蹟專家指導下，完全以人力將整幢建築物拆除，並將所有堪用屋瓦、樑柱等建材一一編號，整修後再於原地以卡榫裝接，重建原來風貌。重建後的涵碧

樓，專門收藏與日月潭有關的文物史料，以呈現日月潭自清康熙以來的歷史脈絡。㉖

陸、有關吟詠日月潭之詩文

在歷史上，日月潭一帶古名叫做「水沙連」，當時稱爲「珠潭」的日月潭，美麗的風光早在清道光年間便廣受騷人墨客的讚美。在詩人筆下，日月潭的風貌多采多姿。

名揚四海的日月潭，凡是遊覽過的人，無不讚美青嶂碧波、雲水飛動的明媚湖光，而感到依依難忘。日月潭的美，眞正的象徵了美麗的寶島：福爾摩沙。

清嘉慶年間詩人曾作霖〈珠潭浮嶼〉：

　　山中有水水中山，山自凌空水自閒；

　　誰劃玻璃分色界，倒垂金碧浸煙鬟。

　　蓬萊可許乘風到，艋舺知爲舉火還；

　　別有洞天開海外，人家雞犬絕塵寰。

「山中有水」，指的正是今天的日月潭；「水中山」，指的是日月潭中的光華島（今恢復原稱「拉魯島」）。另外，詩人陳書的同題詩，也有「但覺水環山以外，居然山在水之中」佳句，都是訝異於山中有水，水中有山奇觀而作的吟詠。㉗

清咸豐年間詩人陳肇興〈水沙連紀遊〉：

　　舊説珠潭嶼，煙霞別有天；

　　燒山開鹿社，浮筏種禾田。

　　欲往嗟無伴，重遊訂後年；

　　桃源在何處，目極萬峰巓。

還有一則：

　　潭上來山雨、茫茫尖萬峰；

雲飛遮日月，水湧變金龍。
上二則詩道盡日月潭山水之勝、景緻之美。

固宣子〈水沙浮嶼詩〉：
　　雲根不墜地，半落東山頭。
　　天風與海水，爭激怒生疣。
　　斷鰲足簸揚，支祈任沉浮。
　　狀若銀河翻，迴星漂斗牛。
　　又若乘杯渡，一粒亂中流。
　　山水有常性，動靜安足求。
　　呼龍與之語，掀髯嗔我尤。
　　靜極而動生，天地一浮鷗。
　　犬笑揮龍去，浮沙雲末收。

馬子翊〈台陽雜興〉：
　　高岸萋萋草似煙，白沙青嶂水沙連；
　　編茅繞嶼千椽屋，架竹浮湖萬頃田。
　　喚渡津頭銾蟒甲，賣鹽市上用螺錢；
　　行人莫憚藤橋險，別是瀛堧一洞天。

羅家倫〈日月潭〉：
　　搖青紓紫翠湖鮮，著個漁舟更覺妍；
　　自是夕陽偏愛美，好峰多傍彩雲邊。
　日月潭不特是觀光遊客的遊覽勝地，而早時詩人墨客更寫出
很多美麗的詩篇，留供人們吟誦，以傳久遠，並選出「水社八
景」，以壯其景色之美，山木柳唐憑所選八景，吟作五言律詩：㉘

潭中浮嶼

從風不慮險，潭上幾徘徊；
昨泊東南岸，今漂西北隈。

萬點漁火

漁火水連筏，守罟人舉魚；
仙鄉祖如夢，煌耀照蛟居。

潭口九曲

溪引兩潭水，山開九曲淵；
煙波無竭日，風月幾千年。

獨木番舟

蟒甲波描線，勁箭魚晦跡；
泛泛獨木舟，天地不愁窄。

山水拱秀

相助壯風致，雲煙朝夕封；
去來濃復淡，山水秀靈鍾。

番家柞聲

一曲人傾耳，南村數杵聲；
湖心仰看月，蠻婦此時情。

荷葉重錢

清魂濂溪愛，何日立亭亭；
潭上雨過後，萬錢抽木清。

水社朝霧

暗淡水張帛，空濛山色微；
早晨人上筏，破霧過前磯。

柒、日月潭水力發電

日月潭並無河川溪流注入，日月潭水力發電係利用自仁愛鄉武界起鑿長達十五公里之隧道接至潭中東北角進水，並建有水社及頭社二壩，經由反覆放水與抽蓄而發電，也因此日月潭潭水清澈碧綠，水質非常良好，又因潭水係供發電利用，故日月潭並非屬水源水質保護區，觀光、灌溉等等條件。

日月潭本來分爲「日潭」和「月潭」兩池，日據時期，日本人爲建發電廠建壩蓄水成現狀，於一九三四年（民國廿三年）十月全部完工，前後耗時十五年。由於建堤蓄水，使得湖面加寬三分之二，水深亦由六公尺增爲二十七公尺，整個日月潭更形壯觀。

日月潭主要水源取自濁水溪，由武界攬砂截取濁水溪的流水，經十五公里長的隧道引水，流過中正村，僅在向天圳透天，穿過水社大山冒出進水口，費時九年開鑿完成，日月潭不但是南投縣重要的旅遊勝地，同時也是台灣電力公司大觀發電廠、二廠及明潭抽蓄水力發電廠的「上池」，具備多樣性功能，經濟地位特別重要。

由於興建日月潭發電工事，邵族的土地都被徵收，使得光復後失去保留地保障的機會，亦即邵族人在台灣政經形勢的改變下，流失了祖先留下來的土地。

日月潭的水，除了部分是潭裡的泉水外，主要的水源是濁水溪流域萬大溪的水引進隧道，經過……中正村附近的山下流入日月潭的。……隧道工程，建於民國二十三年即日據時代的昭和九年，在武界部落的上游約一公里處，築壩攔水，把濁水溪流域的水，引進隧道，經東武嶺、水頭山、過坑山、水社大山、卜吉山流入日月潭；全程一五・一二公里，引水處海拔七六〇公尺，出水處，蓄水面最高海拔七四八公尺。在當時的技術來說眞的是一

件極爲浩大的工程。這個隧道經過本村，大約是在學校東南方一公里處的地下，其上頭還有廢棄的隧道一處，聽說是因設計錯誤而留下的。本引水道工程大部分採隧道引水，但是在魚池鄉的東光村，有一段露天圳式的，……水流湍急，水聲如萬馬奔騰。隨著本工程的施工，當時還築有電車路行駛電車專供搬運材料、人伕，從埔里經麒麟里的東埔，再經本村、魚池鄉的東光而至日月潭。㉙

【註釋】

① 張仁華〈攬日月之潭靜擁青竹之美景〉，《行天宮通訊》第八十期，2002.7。

② 同①

③ 林柏維〈生命的光與愛：台灣盲人之父甘爲霖〉。

④ 石慧德〈日月潭集自然藝術社會之美〉，台灣新生報，2001.4.30。

⑤ 同④

⑥ 同④

⑦ 同④

⑧ 同①

⑨ 朱文嘉〈日月潭風光〉，《民主與法治》第二十九期。

⑩ 潘樵〈日月潭文武廟〉。

⑪ 陳江水主編南投縣鄉土大系叢書之七《南投勝蹟》，南投縣政府，1995.6。

⑫ 台灣省文獻會《耆老口述歷史三：南投縣鄉土史料》。

⑬ 同⑪

⑭ 林文龍《台灣中部的開發》，台北，常民文化公司，1998.5。

⑮ 柯起予〈龍湖故事〉

⑯ 同⑭

⑰ 同⑭

⑱ 同⑭

⑲ 林啓三譯《日據時期新高郡轄內概況》，日文南投文史資料中譯叢書（四），南投縣立文化中心編印。

⑳ 鄧相揚〈神話水沙連〉，《水沙連漫步》第六期，1996.10.25。

㉑同⑫

㉒簡史朗〈邵族的聖地：光華島〉，南投縣鄉土大系叢書之六《南投住民》。

㉓同㉒

㉔同㉒

㉕同⑮

㉖陳玲芳〈千人接力屋瓦相傳：重建涵碧樓〉，台灣日報，2000.6.17。

㉗同⑭

㉘同⑭

㉙林秀貞〈日月潭的水源從我們的山底下流過〉，載於南投縣鄉土大系叢書之二
《南投地理》。

泰雅的故事

北勢八社部落傳說與祖先生活智慧

作者以部落詩頌、歌謠作為本書的起始，從泰雅族的起源傳說漸層描述著屬於泰雅族的古老又動人的美麗故事、信仰與禁忌，以及祖先們走過的歷史、與生存環境搏鬥後的生活智慧，像是部落耆老低沈的嗓音，吟唱著優美的詩歌，滄桑中帶著讚頌的回憶環繞周圍，久久不散……

游霸士·撓給赫◎著·定價230元

迷霧之旅

記錄部落故事的泰雅田野書

作者瓦歷斯最深情的部落散文，以詩人的情懷與筆調寫下他重回族群的親身體悟，尤其在九二一地震後，在受創的土地上，目睹人們彼此以心靈相握之聲，讓翠綠的生機再次重現的欣喜與發現。

瓦歷斯·諾幹◎著·定價180元

泰雅族神話與傳說

泰雅族口傳神話傳說故事

泰雅族，分布台灣最廣、支系最多族的族群，流傳於部落的神話故事更是不勝枚數，其起源傳說故事就有六種以上的不同發源；本書更是詳盡搜羅泰雅族各部落間的傳說故事，並有系統的分為三十八個主題，深切展現泰雅族社會中各種制度、文化的發展或構成背景因素。

達西烏拉彎·畢馬◎著　定價380元

●如需更詳細的書目，可來電或來函索取

賽夏族神話與傳說

賽夏族口傳神話神話故事

賽夏族，在台灣原住民族群中人數次少，卻留有豐富的神話傳說故事，尤以影響其歷史文化最鉅的「矮黑人」故事不但成為賽夏族信仰中的一環，亦左右著其生活；本書集結了賽夏族的神話傳說，共分為二十六個主題深切展現賽夏族社會中各種制度、文化的發展或構成背景因素。

達西烏拉彎・畢馬◎著　定價280元

鄒族神話與傳說

鄒族口傳神話傳說故事

鄒族，目前台灣原住民族人數最少的族群以狩獵及出草等活動來建立個人、家族的身分與社會地位的傳說不勝枚數；本書中級搜羅鄒族各部落間的神話傳說故事，並分為三十三個主題，除了展現鄒族深層的文化外，更提供讀者對鄒族社會各種制度面的思考切入點。

達西烏拉彎・畢馬◎著　定價300元

布農族神話與傳說

布農族口傳神話傳說故事

布農族，素有「中央山脈守護者」之稱，是台灣原住民族群中活動率最強的族群，其族群居處高山，關於布農族的神話傳說便充滿著與大自然相關的各種神奇色彩；本書中收集有布農族各部落間的神話傳說，並劃分為三十五個主題，讀者可由各主題深入了解布農族的社會、宗教、經濟、傳統風俗……等。

達西烏拉彎・畢馬/達給斯方岸・娃莉絲◎合著　定價380元

◉如需更詳細的書目，可來電或來函索取

排灣族神話與傳說

排灣族口傳神話傳說故事

排灣族，在台灣原住民族群人口數排名第三，自稱爲「百步蛇之子」，從排灣族的日常生活用品、藝術創作、服飾刺繡中處處顯見關於百步蛇傳說的故事；本書中即收集了關於排灣族的各部落神話傳說，作者將此書分爲三十三個主題，並於每個故事後面說明故事的構成背景因素或發展過程。

達西烏拉彎‧畢馬◎著　定價300元

魯凱族神話與傳說

魯凱族口傳神話傳說故事

魯凱族，是台灣原住民社會中社會階級最嚴密的族群，此種分明的制度劃分可以延伸至古老的神話傳說；本書廣泛蒐羅魯凱族的各種神話傳說，並有系統的將流傳於各部落間的故事分成爲三十一個主題，作者並於每個故事後面說明故事的構成背景因素或發展過程。

達西烏拉彎‧畢馬◎著　定價290元

卑南族神話與傳說

卑南族口傳神話傳說故事

卑南族，台灣原住民族群中擁有最豐富的文化遺址，密集的石板棺與精緻的陪葬品讓卑南族的神話傳說更增添神祕的色彩；本書中級搜羅卑南族各部落間的神話傳說故事，並分爲二十七個主題，作者並於每個故事後面說明故事的構成背景因素或發展過程

達西烏拉彎‧畢馬◎著　定價290元

◉如需更詳細的書目，可來電或來函索取

阿美族神話與傳說

阿美族口傳神話傳說故事

阿美族，是台灣原住民族群中人口最多的族群，也是保留母系社會制度最濃厚的一個族群而這些傳統習俗可再阿美族祖先流傳下來的神話傳說中窺見一、二；本書即蒐羅阿美族各部落間的神話傳說，並劃分為三十六個主題，讀者可由各主題深入了解阿美族的社會、宗教、經濟、傳統風俗……等。

達西烏拉彎‧畢馬◎著　定價300元

達悟族神話與傳說

達悟族口傳神話傳說故事

達悟族，是台灣原住民族群中唯一離島居住的族群，是典型的海洋民族，流傳再達悟族部落的神話傳說便充滿著關於海洋的神奇色彩；本書中即收集了關於達悟族的各種神話傳說，並分為三十個主題，且於每個故事後面說明故事的構成背景因素或發展過程。

達西烏拉彎‧畢馬◎著　定價300元

邵族神話與傳說

邵族口傳神話傳說故事

邵族，是台灣原住民族群中人口最少、漢化最深的族群，故其神話傳說受漢人文化深刻的影響，混合了濃厚的漢人文化味道；本書廣泛蒐羅邵族的各種神話傳說，並將其分成為二十個主題，且於每個故事後面說明故事的構成背景因素或發展過程。

達西烏拉彎‧畢馬◎著　定價220元

◉如需更詳細的書目，可來電或來函索取

國家圖書館出版品預行編目資料

邵族神話與傳說／達西烏拉彎・畢馬著；－－初
版.－－台中市：晨星　　；2003〔民92〕
面；　公分.－－(台灣原住民系列：54)
著者漢名：田哲益
ISBN 957-455-500-3(平裝)

539.529　　　　　　　　　　　92012349

台灣原住民系列

54

邵族神話與傳說

著者	達西烏拉彎・畢馬（田哲益）
文字編輯	薛尤軍
美術編輯	柳惠芬
發行人	陳銘民
發行所	晨星出版有限公司
	台中市工業區30路1號
	TEL:(04)23595820　FAX:(04)23597123
	E-mail:service@morning-star.com.tw
	http://www.morning-star.com.tw
	郵政劃撥：22326758
	行政院新聞局局版台業字第2500號
法律顧問	甘龍強律師
製作	知文企業（股）公司　TEL:(04)23581803
初版	西元2003年9月30日
總經銷	知己實業股份有限公司
	〈台北公司〉台北市106羅斯福路二段79號4F之9
	TEL:(02)23672044　FAX:(02)23635741
	〈台中公司〉台中市407工業區30路1號
	TEL:(04)23595819　FAX:(04)23597123

定價220元
（缺頁或破損的書，請寄回更換）
ISBN 957-455-500-3
Published by Morning Star Publishing Co. Ltd,
Printed in Taiwan
All Rights Reserved
版權所有・翻印必究

廣告回函
台灣中區郵政管理局
登記證第267號
免貼郵票

407
台中市工業區30路1號

晨星出版有限公司

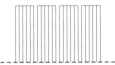

-------- 請沿虛線摺下裝訂，謝謝！ --------

更方便的購書方式：

(1) 信用卡訂閱　填妥「信用卡訂購單」，傳眞至本公司。
　　　　　或　填妥「信用卡訂購單」，郵寄至本公司。

(2) 郵政劃撥　帳戶：晨星出版有限公司　帳號：22326758
　　　　　在通信欄中塡明叢書編號、書名、定價及總金
　　　　　額即可。

(3) 通　　信　填妥訂購人資料，連同支票寄回。

◉如需更詳細的書目，可來電或來函索取。

◉購買單本以上9折優待，5本以上85折優待，10本以上8折優待。

◉訂購3本以下如需掛號請另付掛號費30元。

◉服務專線：(04)23595819-231　FAX：(04)23597123

　E-mail:itmt@ms55.hinet.net

◆讀者回函卡◆

讀者資料：

姓名：_____　　性別：□ 男　□ 女

生日：　／　　／　　　　　身分證字號：_____

地址：□□□_____

聯絡電話：　　　　　（公司）　　　　　　（家中）

E-mail _____

職業：□ 學生　　　□ 教師　　　□ 內勤職員　□ 家庭主婦
　　　□ SOHO族　 □ 企業主管　□ 服務業　　□ 製造業
　　　□ 醫藥護理　□ 軍警　　　□ 資訊業　　□ 銷售業務
　　　□ 其他_____

購買書名：_____

您從哪裡得知本書： □ 書店　　□ 報紙廣告　　□ 雜誌廣告　　□ 親友介紹
□ 海報　　□ 廣播　　□ 其他：_____

您對本書評價：（請填代號 1. 非常滿意　2. 滿意　3. 尚可　4. 再改進）
封面設計_____版面編排_____內容_____文／譯筆_____

您的閱讀嗜好：
□ 哲學　　　□ 心理學　□ 宗教　　□ 自然生態　□ 流行趨勢　□ 醫療保健
□ 財經企管　□ 史地　　□ 傳記　　□ 文學　　　□ 散文　　　□ 原住民
□ 小說　　　□ 親子叢書　□ 休閒旅遊　□ 其他_____

信用卡訂購單（要購書的讀者請填以下資料）

書　　　名	數　量	金　額	書　　　　　名	數　量	金　額

□VISA　　□JCB　　□萬事達卡　　□運通卡　　□聯合信用卡

• 卡號：_____　• 信用卡有效期限：_____年_____月

• 訂購總金額：_____元　• 身分證字號：_____

• 持卡人簽名：_____（與信用卡簽名同）

• 訂購日期：_____年_____月_____日

填妥本單請直接郵寄回本社或傳真(04)23597123